내 꼬인
인생을
알려고 하다가
명리(命理)에
빠지다

내 꼬인 인생을 알려고 하다가 명리(命理)에 빠지다

초판 1쇄 발행 2021년 5월 18일
      2쇄 발행 2021년 6월 7일
      3쇄 발행 2022년 2월 25일

지은이 김병연
펴낸이 장길수
펴낸곳 지식과감성#
출판등록 제2012-000081호

교정 김혜련
디자인 정윤솔
편집 정윤솔
검수 양수진, 최지희
마케팅 고은빛, 정연우

주소 서울시 금천구 벚꽃로298 대륭포스트타워6차 1212호
전화 070-4651-3730~4
팩스 070-4325-7006
이메일 ksbookup@naver.com
홈페이지 www.knsbookup.com

ISBN 979-11-6552-834-8(03180)
값 14,000원

- 이 책의 판권은 지은이와 지식과감성#에 있습니다.
- 이 책 내용의 전부 또는 일부를 재사용하려면 반드시 양측의 서면 동의를 받아야 합니다.
- 잘못된 책은 구입하신 곳에서 바꾸어 드립니다.

지식과감성#
홈페이지 바로가기

내 꼬인
인생을
알려고 하다가
명리(命理)에
빠지다

김병연 지음

서문

명리학을 공부하는 이유

　사람은 누구나 자신의 미래에 대해 알고 싶어 합니다. 현재의 삶도 그다지 만족스럽지는 않기에, 미래에는 조금 더 나은 삶을 기대하게 되고, 삶이 힘들수록 무엇이든 구세주처럼 나타나 이 고통스러운 삶으로부터 자신을 해방시켜 주었으면 하는 '은혜 망상'에 사로잡히기도 합니다. 또 많은 사람들이 절대적인 존재를 찾아 간절한 기도를 올리고 소원을 빌기도 합니다. 긍정심리학에서는 '간절히 원하면 이루어진다'며 끝없이 원하고 갈구하라고 독려합니다. 그러나 세상의 모든 일이 자신이 원하는 대로 착착 흘러가던가요? 오히려 거듭되는 기대와 실망 속에서 자신을 미워하고 세상을 원망하게 되는 경우가 생기지는 않던가요?

　스웨덴의 여성 사상가 엘렌 케이는 "미래를 예측하는 최선의 방법은 그 미래를 스스로 창조하는 것이다"라고 말했습니다. 그런데 이에 매료되어 동양인 최초의 스웨덴 여성 유학생이 된 최영숙의 생애를 돌아보면 삶이 그렇게까지 망가져도 되는지 의아해지고 눈물이 납니다. 1926년 혈혈단신으로 스웨덴 스톡홀름대학으로 유학을 떠난 최영숙은 조선인 최초로 경제학사 학위를 취득하고 영어, 중국어, 일본어, 독일어, 스웨덴어까지 능숙하게 구사하는 당대의 인재가 되어 고국으로 돌아왔지만, 일제 식민지 치하에서 마땅한 일자리 하나를 구하기 힘들었고, 먹고사는 일마저도 힘들어져 결국에는 영양실조와 임신중독으로 26세의 나이로 생을 마감한 비운의 여성이 되고 말았습니다.

반면, 일제 강점기 대표적인 악질 경찰이었던 노덕술은 셀 수 없는 동족을 잡아 가두고 말로 이루 다 할 수 없는 고문을 일삼고 막대한 재산을 부정 축재했지만, 해방이 되어서도 아무런 처벌을 받지 않았습니다. 오히려 경찰로 재등용되었고 정권의 하수인으로 또다시 승승장구했으니 세상이 이렇게 불공평해도 되는지 알다가도 모를 일입니다. 일제 치하라는 암울한 시대에 한 사람은 뛰어난 인재였음에도 불구하고 아무런 뜻도 펼치지 못하고 비참하게 생을 마쳤고, 또 한 사람은 온갖 악행을 일삼은 민족 반역자였으나 온갖 부귀영화를 누리고 천수를 다했으니 진정 세상에 정의란 없는 듯합니다.

지금도 정치인들 중에 제발 돌아가셨으면 싶은 누구는 죽지 않고, 나라를 위해 오래오래 살았으면 하는 싶은 사람은 허망하게 죽고 마는 것은 무슨 까닭일까요? 시쳇말로 잘나가던 사람이 왜 한순간에 나락으로 떨어지고, 어제까지 별 볼 일 없던 사람이 갑자기 두각을 나타내기도 할까요? 화려한 결혼식을 올리고 장밋빛 미래가 점쳐지던 스타 커플이 왜 불과 얼마 지나지 않아 헤어지고 말까요? 전승불복(戰勝不復)! 왜 어제의 영광은 내일까지 지속되지 못하는 것일까요? 성공과 실패, 옳고 그름을 떠나 '세상만사가 모두 팔자소관'이라 하는데 정말 그럴까요? '도대체 팔자란 무엇인가'라는 누구나 갖는 그런 의문에 대한 해답을 찾고 싶었습니다.

명리학 공부는 오래전 딸아이의 대학 진학을 앞두고 합격 여부를 알고 싶어, 회사 앞에 있던 한 철학관을 찾았던 때부터 시작되었습니다. 그 후 회사에서 지방으로 발령이 났을 때, 왜 변동이 생긴 것인지 궁금하여 다시 그 지역에 있던 철학관을 찾았고, 몇 달 후 배움을 시작하여 기초를 닦았습니다. 그리고 많은 관련 서적과 동영상을 탐독했고, 우연히 책을 통해 알게 된 국내 최고의 스승, 샘터명리원 정숙정 선생님(010-3837-8050)으로부터 아낌없는 가르침을 받으면서 한층 더 깊이를 더할 수 있었습니다. 이 책은 대학원을 졸업할 때 쓰는 논문처럼 일정 기간 명리학을 공부한 학생이 쓰는 논문과 같습니다. 공부는 평생 할 일이지만, 중간 정리 차원에서 쓴 책이라고 생각하면 쉽습니다. 이 책에 등장하는 여러 사주풀이들 또한 스승으로부터 배운 내용을 정리한 것임을 밝혀 둡니다.

수년 동안 배우고 익힌 것을 딱 한마디로 정리하면 '사람은 겸손해야 한다'는 것입니다. 조금 잘나간다 싶으면 자기가 잘나서 그런 것 같지만 꼭 그렇지만은 않습니다. 그 자리에 오르기까지 힘들고 어려운 순간들을 참아 내며 고생을 많이 했겠지만, 자기보다 뛰어난 사람들이 자발적 혹은 비자발적으로 먼저 경쟁선상에서 이탈해 주었기에 가능한 일은 아니었을까요? '못생긴 나무가 산을 지킨다'는 말을 뒤집어 보면, '잘생긴 나무들은 이미 베어지고 없어졌다'는 말 아닌가요? 결혼을 하고 막상 살아 보니, 내가 왜 이런 사람을 만나서 내가 왜 이렇게 고생을 하며 사는가 싶지만, 그것은 배우자 탓이 아니라는 것을 내 사주(四柱)가 말해 줍니다. 모든 일이 그러하니 만사에 겸손해야 합니다.

또 한 가지 덧붙이면, '모든 것은 변한다'는 것입니다. 세상에 단 하나의 변하지 않는 진리가 있다면 '모든 것은 변한다는 사실 그 자체'입니다. 불가에서는 '제행무상(諸行無常)', 즉 '모든 것은 인연에 따라 형성이 되었다가, 인연이 다하면 변화하고 사라지게 된다'고 합니다. 어떤 것도 영원한 것은 없다는 말이죠. 어제의 슬픔은 오늘의 행복이 될 수 있고, 어제의 영광은 오늘의 굴욕이 될 수도 있다는 것을 '운(運)'이 말해 줍니다. 모든 것이 변하니, 내 인생에서 좋고 나쁜 때를 알고, 고정된 생각이나 행동에서 벗어나야 합니다.

사주팔자는 타고난 나의 그릇이고, 운은 내가 가는 길입니다. 많은 사람들이 운명을 바꿀 수 있다고 하지만, 그렇게 쉽게 바뀔 운명이라면, 그렇게 힘들게 노력을 하는데 삶이 개선되지 않고 왜 평생을 힘들게 살게 될까요? 운명을 바꿀 수 있다면 애초에 운명이라고 이름 짓지 말았어야 할 일 아닐까요? 그래서 공부를 계속해야 합니다. 보이지 않는 우주의 질서를 조금이나마 이해하고, 좋고 나쁜 때를 가려, 좋을 때는 좋지 못할 때를 대비하고, 어려울 때는 머지않아 좋을 때가 올 것을 믿고 좌절하지 말아야 합니다.

이 책이 운명의 이치를 깨닫고, 다만 무사한 날들과 더 나은 미래를 준비하고자 하는 분들에게 작은 보탬이라도 될 수 있기를 기원합니다.

목차

서문 명리학을 공부하는 이유   4

|1부| 우주로부터 온 나의 바코드

01. 운명이라는 것이 있을까   12
02. 음양이란 무엇인가   17
03. 태극기와 8괘   22
04. 5행이란 무엇인가   28
05. 10천간이란 무엇인가   33
06. 12지지란 무엇인가   38
07. 60갑자란 무엇인가   45
08. 나의 사주팔자는 어떻게 생겼을까   51
09. 대운(大運)이란 무엇인가   58

|2부| 바코드 풀이를 위한 기본 원리

10. 사주풀이의 기초   66
11. 지장간이란 무엇인가   73
12. 합이란 무엇인가   79
13. 충이란 무엇인가   86
14. 12운성이란 무엇인가   92
15. 형, 파, 해란 무엇인가   99
16. 신살이란 무엇인가   104

|3부| 내 그릇의 크기와 수호신

17. 사주의 강약 살펴보기　　　　　114
18. 격국(格局)이란 무엇인가　　　　119
19. 나의 용신은 무엇일까　　　　　126
20. 용신과 육친　　　　　　　　　131

|4부| 나와 가족들

21. 나는 어떤 사람인가　　　　　　138
22. 부모운　　　　　　　　　　　　146
23. 형제운　　　　　　　　　　　　154
24. 부부운　　　　　　　　　　　　162
25. 자식운　　　　　　　　　　　　170

|5부| 나는 어떻게 살아야 할까?

26. 직업운　　　　　　　　　　　　180
27. 재물운　　　　　　　　　　　　192
28. 건강운　　　　　　　　　　　　201
29. 운(運)의 흐름　　　　　　　　　210

마무리 사주가 말한다: 사랑하며 살자　220
참고문헌　　　　　　　　　　　　226

1부

우주로부터 온 나의 바코드

운명이라는 것이 있을까

겸손한 사람들은 일이 잘 풀리면 운이 좋았다고 말합니다. 그 말은, 자신도 열심히 노력했지만, 보이지 않는 무언가가 도와주었다는 말이 되겠죠. 반대로, 사람들은 일이 뜻대로 잘 안 되어 실망하는 사람을 보면, '운이 나빴다고 생각하라'고 위로합니다. 이는, '너는 열심히 했지만, 보이지 않는 무언가의 도움이 부족해서 그렇게 된 것이니 기운을 내고 다시 열심히 노력해 보라'는 말이 됩니다. 세상에는 정말로 자신의 노력만으로는 안 되는 또 다른 어떤 힘이 작용하고 있을까요?

직장에서 고위직에 오른 사람들은 '관운(官運)이 좋다', '관운을 타고났다', '관운이 짱짱하다'는 소리를 듣습니다. 관운이 좋다는 말은 직업운이 좋다는 말과 같습니다. 제가 다니던 직장에서 부장이 된 지 2년 만에 임원이 된 분이 있었는데, 많은 사람들이 '운칠기삼(運七技三)'이 아니라 '운구기일(運九技一, 운이 90%, 재주나 노력이 10%)'이라고 말하며, 부러움과 질시의 눈길을 동시에 보냈습니다. 그분은 실력이나 노력에 비해 운이 좋아서 임원이 된 것이라는 이야기죠.

결혼을 앞둔 사람들은 배우자가 될 사람과 '부부운'이 좋아 싸우지 않고 잘 살 수 있는지, '재물운'이 좋아 부자가 될 수 있는지, '자식운'이 좋아 훌륭한 자식을 낳을 수 있는지 알고 싶어 합니다. 이처럼 운은 여러 형태로 불리고 있는데, 그것이 목숨과 관계되는 것이라면 '명운(命運)'이 됩니다. '명운'은 앞으로의 존망이나 생사에 관한 처지를 말하는데, 정치인들은 까딱하면 국민들을 들먹이며 무슨 무슨 일에 정치적 '명운'을 걸겠다고 말합니다. 국민인 저한테는 물어본 적도 없으면서….

'명운'과 같은 뜻으로 쓰이지만 실제로는 다른 단어인 '운명(運命)'이 있습니다. 운(運)은 사람의 힘을 초월한 어떤 힘의 작용을 말하고, 명(命)은 글자 그대로 '목숨'을 의미합니다. 따라서 그대로 해석하면, 운명은 사람의 힘을 초월한 어떤 힘이 우리의 목숨을 지배하고 있다는 느낌을 줍니다. 다시 말해 '내가 아무리 애를 써도 어찌할 수 없는 무언가' 그것이 운명이라는 것이죠. 수많은 나라 중 하필이면 한국 땅에서 태어나, 많고 많은 여자 중에서 하필이면 집사람을 만나고, 하고 많은 회사 중에서 하필이면 그 회사에 들어가… 뭐 이런 것들이 다 운명이라는 이야기가 됩니다.

그럼 언제 어떤 모습으로 죽는 것도 운명일까요? 예로부터 학문에 통달한 사람들은 탄허스님처럼 자신이 죽는 날짜와 시간까지도 정확하게 알고, 세상을 떠날 준비를 했다고 합니다. 명리학을 공부해 보니 저도 확신할 수는 없지만, 살고 죽는 모든 것이 운명이라는 생각이 듭니다. 최근 2년 내, 제가 이분은 언제쯤 돌아가시겠다고 이야기한 분들 중에 네 분이나 제가 이야기한 달에 돌아가셔서 저도 충격을 받았습니다. 제가 돈을 받고 말해 준 것도 아니고, 돌아가신 그분들 사주를 본 것도 아니고, 저한테 물어본 사람들 사주를 보면서 그분들 이야기를 한 것인데… 그리고 말해 주고는 금방 잊어버렸는데 몇 달 뒤 소식을 듣게 되니 깜짝 놀란 것이죠.

그보다 더 놀라운 일이 지난 2018년에 있었습니다. 평소 마음으로 존경하던 모 국회의원께서 돌아가신 일이었죠. 그 사건으로 인해 운명의 무서움과 인생의 무상함에 치를 떨었고, 인터넷에서 그분의 생년월일을 찾아보았습니다. 생년월일이 정확한지는 잘 모르겠지만, 일단 그것을 토대로 사주를 구해 보았습니다.

사주				대운	63	53	43	33	23	13	3
庚	庚	丙	丙		癸	壬	辛	庚	己	甲	乙
辰	午	申	申		卯	寅	丑	寅	卯	辰	巳

이분은 금(金)의 계절인 가을에 태어나 건록(乾祿)이 두 개나 있고, 지지에 금(金)을 생(生)해 주는 토(土)도 있어 신강(身强)한 사주로, 불굴의 의지를 가진 의리의 남자입니다. 사주 자체가 화(火), 금(金)으로 구성되어 있고, 건록격(乾祿格)이라 아버지 덕은 별로 없어 자수성가해야 하는 사주죠. 시지(時支)의 진(辰)토는 화(火), 금(金)간의 교쟁을 유통시키는 통관용신(通關用神)이고, 년월간(年月干)의 불들도 강한 금(金)을 제압하는 용신인데 일지에 그 뿌리가 있어 관운도 좋아 보이지만, 불의 뿌리가 되는 목(木)이 없어 허약하다고 볼 수 있습니다.

년 · 시주(年時柱)에 4급, 월 · 시주(月時柱)에도 4급 태풍이 돌고 있어 인생에 굴곡이 많아 보입니다. 년간은 병(丙)이고 시간은 경(庚)이니 병(丙)에서 정(丁), 무(戊), 기(己), 경(庚)으로 4칸을 건너 시간으로 갑니다. 또 시지는 진(辰)이고 년지는 신(申)이니 진(辰)에서 사(巳), 오(午), 미(未), 신(申)으로 4칸을 건너 년지로 갑니다. 천간에서는 왼쪽으로 4칸, 지지에서는 오른쪽으로 4칸을 건너가는 형상입니다. 이런 경우를 소용돌이 또는 태풍이라고 표현합니다. 전문용어로는 선전(旋轉)이라고 하는데 '빙빙 돌며 구른다'는 뜻입니다.

63세부터 계묘(癸卯)대운은 일주(日柱)와 3급 태풍을 일으키고, 2018년 무술(戊戌)년의 술(戌)토는 통관용신인 진(辰)토를 치며, 그달 기미(己未)월은 계묘(癸卯)대운과 다시 4급 태풍을 일으키고, 그날 병진(丙辰)일의 병(丙)화는 년(午)에서 올라온 나의 표출신이지만, 편관이라 나를 극(克)하고, 진(辰)토는 시지(時支)의 진(辰)토와 진진(辰辰) 자형살(自刑煞)을 일으키게 됩니다.

이렇게 되면 사주에 있는 태풍까지 4개의 태풍이 함께 돌아 살 수가 없고, 더구나 년지(年支)나 일지(日支) 기준으로 인오술(寅午戌)에는 병(丙), 오(午)가 자살살(自殺煞)인데, 사주의 병(丙), 병(丙), 오(午)가 모두 자살살입니다. 건록이 2개나 있어 교과서적이고 원칙적이며 정의로운 분이라 자신의 실수를 용납하지 못해 그날 스스로 형벌을 가한 것이라고 볼 수 있죠. 너무나 안타깝고 원통한 일입니다.

평생을 이 나라의 민주주의와 소외되고 어려움 많은 노동자들을 위해 노력해 왔고, 항상 유머와 위트가 넘치던 분께서 그렇게 허망하게 목숨을 버린 것을 생각하면 지금도 마음이 아픕니다. 개인적인 생각이지만, 마이클 조던 없는 NBA가 시시하듯이, 이분 없는 한국 정치판도 시시해져 버렸습니다. 하지만, 사주를 풀어 보면 '이분 역시 자신의 운명대로 살다가 가셨구나' 하는 생각이 들며, 보이지 않는 힘, 우주의 질서를 다시 한번 절감하게 됩니다.

음양이란 무엇인가

태극기 좋아하시나요? 요즘, 세계에서 가장 각광받는 나라가 우리나라입니다. 우리나라에서 만든 코로나 진단키트가 각광을 받고, 우리나라가 세계적인 의료 선진국이라는 사실이 널리 알려지면서 '메이드 인 코리아'의 브랜드 가치가 하늘 높이 치솟고 있습니다. 얼마 전까지만 해도, '코리아 디스카운트(Korea discount)' 때문에 제대로 된 평가를 받을 수 없었던 우리나라 제품들이, 이제 상황이 바뀌어, '코리아 프리미엄(Korea premium)'이라는 날개를 달고, 세계 시장에서 호평을 받고 있습니다. 심지어 세계 각국의 바이어들로부터 수출 물품에 태극기를 붙여 보내 달라는 요청도 쏟아지고 있습니다. 태극기가 붙은 물건은 그 나라 소비자들에게 신뢰를 주고, 그만큼 더 높은 값을 받을 수 있기 때문입니다.

세계 모든 나라 사람들이 자기 나라 국기를 자랑할 수 있겠지만, 우리나라 국기인 태극기는 그중에서도 으뜸입니다. 모양도 예쁘고, 그 속에 담긴 심오한 사상은 어느 나라 국기도 따라올 수가 없습니다. 태극기는 흰색 바탕에 태극(太極) 문양과 4가지 괘(卦)로 구성되어 있습니다. 태극기의 흰색은 밝고 순수하고 평화를 사랑하는 우리 민족을 나타내고, 가운데 태극 문양은 우주 만물이 음양(陰陽)의 상호 작용에 의해 생성하고 발전하는 자연의 진리를 형상화한 것이며, 4개의 괘는 음양이 서로 변화하고 발전하는 모습을 구체화한 것으로, 하늘(乾)과 땅(坤), 물(坎)과 불(離)을 상징하는데, 이들은 태극을 중심으로 조화를 이루고 있습니다. 우리 태극기에는 우주의 원리가 담겨 있고, 평화를 사랑하는 우리나라 사람들의 착한 마음이 담겨 있으며, 그러한 가운데 끝없는 변화와 발전을 추구하는 우리 민족의 큰 이상이 담겨 있습니다. 이보다 더 멋진 국기 있으면 나와 보라고 그러십시오.

그러면, 가운데 있는 태극기 중앙에 있는 '태극'이 음양(陰陽)을 상징한다는데, 음양이란 무엇일까요? 동양철학에서 말하는 음양은 '우주 만물을 만들어 내는 두 가지 기운'입니다. 우주는 팽창하려고 하는 뜨거운 양의 기운과 수축하려고 하는 차가운 음의 기운이 공존하는 곳입니다. 태초에 우주는 무질서와 혼돈의 상태, 아무런 극(極, 끝)도 없고, 아무것도 생겨나지 않은 무극(無極)의 상태였다고 합니다. 그러다가 어느 순간 음과 양으로 분화할 수 있는 씨앗이 자라기 시작했는데, 그게 바로 태극(太極)이라고 합니다. 태극 속에는 음(陰)과 양(陽)의 기운이 내재되어 있지만, 여전히 어둡고 혼돈의 상태였는데, 어느 순간 2개의 극으로 나뉘면서 운동을 시작했습니다. 그것이 바로 음양이라고 하는 것이죠.

 옛날 동양 사람들은, 삼라만상을 만들어 내고, 통제하고 변화를 일으키는 상반된 두 가지 성질의 기운을 음양이라고 생각했습니다. 뜨거운 공기와 찬 공기가 만나야 수증기가 생기고, 한랭전선과 온난전선이 만나야 비가 오는 것처럼, 세상의 모든 현상을 음양의 작용으로 이해한 것이죠. 세상을 축소하면 두 가지로 구성되어 있습니다. 남자가 있으면 여자가 있고, 동물이 있으면 식물이 있고, 더위가 있으면 추위가 있고, 높은 곳이 있으면 낮은 곳이 있고, 밝음이 있으면 어둠이 있습니다. 음양에서 음은 내성적이고 안정적이며 보수적인 성향과 생각 지향적인 것을 상징하고, 양은 외향적이고 활동적이며 진보적인 성향과 활동 지향적인 것을 상징합니다.

 그러나 음양을 서로 대립적인 흑백논리로 생각하지는 않았습니다. 음양은 좋고 나쁜 것이 없고 음양 그 자체로 있음이고 존재함을 말하며 음 속에 양이 있고 양 속에 음이 있다고 생각했습니다. 만약에 사물이 단순하게 양으로만 구성되어 있다면 발산하려는 양의 성질 때문에 억제하고 수축하는 힘이 없어 온 사방으로 흩어지고 말 것입니다. 또 음으로만 구성되어 있다면 블랙홀처럼 수축되어 사라지고 말 것입니다. 과일의 살은 부드럽지만 씨앗은 딱딱하고, 갑각류의 껍질은 딱딱하지만 속은 부드럽습니다. 사람의 인체도 딱딱한 머리뼈 속에 부드러운 뇌가 있고, 부드러운 살 속에 딱딱한 뼈가 있는 것처럼, 음과 양은 낮과 밤처럼 대립적이면서도 길고 짧은 것처럼 상대적이고, 이가 빠진 동그라미에 빠진 이를 찾아 맞추는 것처럼 보완적인 것을 말합니다. 그래서 옛날 태극 문양을 보면 양 속에 음이 있고 음 속에 양이 있는 모양으로 되어 있습니다.

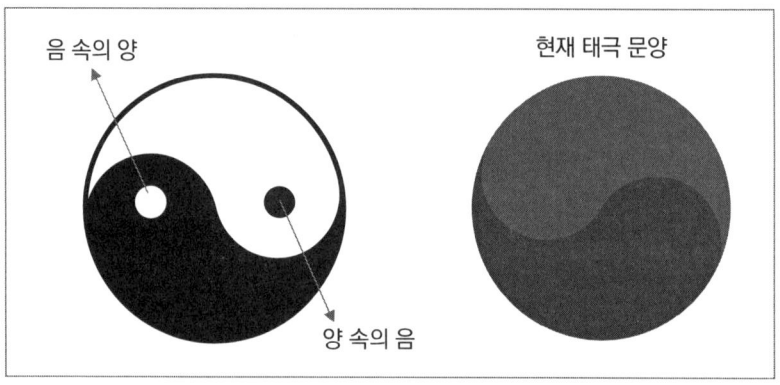

그런데 태극은 단순하게 원을 반으로 잘라 음양으로 나누어진 모양이 아니고, 두 개의 기운이 서로를 감싸고 회전하는 형태로 되어 있습니다. 이것은 서로 짝을 이룬 음양이 시간과 공간의 변화에 따라 커지기도 하고 작아지기도 하는 변화를 나타냅니다. 양이 커지면 음이 작아지고, 음이 커지면 양이 작아지고 그러면서 세상 만물이 만들어지고 변화하는 것을 상징하는 것이죠. 원래, 시계 방향은 '확산'을, 반시계 방향은 '수축'을 나타내는데, 현재 우리나라 태극기 속의 태극 문양은 음양의 회전 방향이 반대로 그려져 있어 자연의 법칙에 역행하는 것 같아 보입니다. 우리나라가 통일을 이루고, 더욱 발전하기 위해서는 태극기 속의 음양의 회전 방향을 바로잡아야 하는 것 아닌가 싶기도 합니다.

아무튼 우리나라 태극기는 위대한 국기임에 틀림이 없습니다. 우주 만물의 생성과 변화의 원리인 음양의 원리가 그대로 담겨 있습니다. 음양의 원리를 집으로 가져오면, 남편은 주로 밖에서 활동을 많이 하는 '해'라 생각하여 '바깥양반'이라고 부르고, 집 안에서는 여자가 '해'이기 때문에 '안해'(아내)라고 부르는 것을 이해할 수 있습니다. 농담 삼아 '남편은 내 편이 아니고 남의 편이라 남편'이라고 부른다고 하지만, 음양의 원리로 보면, 남편은 겉은 양이지만 속은 음이고, 아내는 겉은 음이지만 속은 양인 사람입니다. 남편은 밖에서 열심히 활동적으로 일하고, 아내는 집안을 햇살처럼 밝고 따뜻하게 만들기 위해 노력해야 하겠습니다. 그리고 요즘처럼 맞벌이가 많아진 시대에는 부부가 서로 조화를 이루기 위해 옛날보다 더욱 양보하고 사랑해야 화목한 가정이 될 수 있다는 것도 알 수 있습니다. 우리나라 사람들 모두가 아름다운 태극기를 더욱 사랑하고, 그만큼 더 평화로운 가정을 만들 수 있도록 노력하면 좋겠습니다.

태극기와 8괘

아름다운 우리나라 태극기를 보면 중앙에 태극 문양이 있고, 그 주변에는 태극을 감싸고 있는 4개의 기호가 보입니다. 이 기호들을 '괘(卦)'라고 하는데, '괘'는 무엇이고 어떻게 만들어진 것일까요?

중국 사람들은 그들의 시조로 알려져 있는 신화적 인물들을 '3황 5제'라고 합니다. '황(皇)'은 '크다', '아름답다'는 뜻이고, '제(帝)'는 '임금'이라는 뜻입니다. 천하를 통일한 진시황 때부터 중국의 왕을 '황제(皇帝)'라고 부르기 시작했는데, 황제는 바로 '3황 5제'에서 따온 말입니다. '3황'은 나무를 비벼 불을 만든 '수인씨', 고기잡이와 수렵을 가르친 '복희씨', 농작물을 경작하는 법을 가르친 '신농씨'를 말하며, '5제'는 3황이 닦아 놓은 기초 위에, 문자, 옷, 달력, 음악, 의료기술 등 구체적인 문명을 건설한 임금들로, '황제', '전욱', '곡'과 우리가 잘 아는 '요', '순'임금을 말합니다.

'3황' 중 한 사람인 '복희씨'와 하나라를 창업한 '우'임금이 태극과 8괘의 효시가 되는 그림을 그렸는데, 그것이 바로 '하도(河圖)'와 '낙서(洛書)'입니다. 고대 중국의 제왕들은 자연과 음양의 변화 원리가 담긴 '하도'와 '낙서'를 통치의 근간으로 삼았습니다. '도서관'은 '하도'와 '낙서'를 모신 곳이라는 말에서 유래된 것이라고 합니다. '하도'는 '복희씨'가 하늘의 계시를 받아, 송화강(河水) 가에서 용마(龍馬)의 등에 나타난 형상을 보고 그린 것이고, '낙서'는 치수사업을 하던 '우'임금이, 낙수(洛水)에 있는 신성한 거북이의 등에 새겨진 형상을 보고 그렸다고 합니다.

'하도'와 '낙서'를 보면, 가장 먼저 눈에 띄는 것이 흰색과 검은색으로 그려진 동그라미인데, 이는 '음'과 '양'을 상징한다는 것을 알 수 있습니다. 그리고 동그라미의 개수는 1부터 10까지의 숫자를 말하고, 그 숫자가 배치된 위치와 숫자 사이에 유의미한 관계가 있으며, 숫자 간에는 일정한 체계가 있고, 숫자가 일정한 방향으로 흐른다는 것도 알 수 있습니다. 여기서 비롯된 음양의 원리는 2진법의 기본 원리입니다. 17세기에 북경에 있는 선교사와 편지를 통해 음양 이론과 주역을 알게 된 라이프니츠는 양은 1, 음은 0으로 표기하는 2진법을 만들었고, 2진법의 원리는 오늘날 컴퓨터 탄생의 기본 원리가 되었으니, 복희씨의 음덕이 빌 게이츠까지 이어지고 있다고 할 수 있습니다.

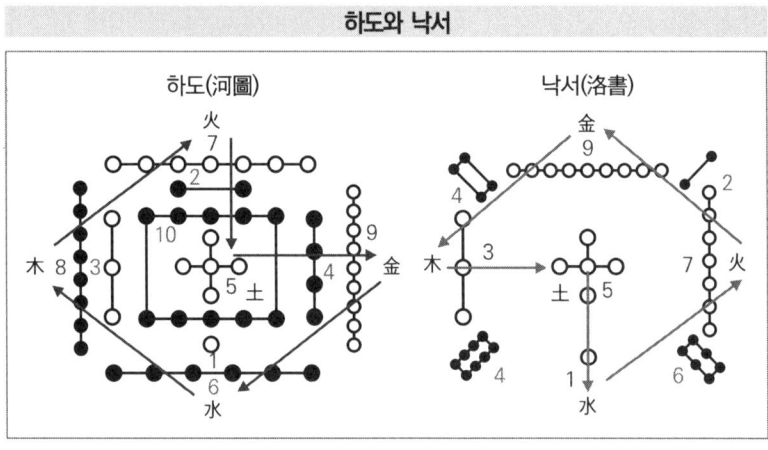

하도와 낙서

　'하도'에는 홀수를 양으로, 짝수를 음으로 해서 1부터 10까지 숫자가 짝을 이루어 동서남북과 중앙, 고유의 방위에 배치되어 있고, 숫자의 중심을 연결해 보면 5행이 시계 방향(木→火→土→金→水)으로 순행하는 모습을 보이고 있습니다. 반면, '낙서'에는 오행의 음양의 짝이 모두 제 위치에 있지 못하고, 완성의 수인 10이 중앙에 없으며, 5 하나만 있고, '화'와 '금'의 위치가 '하도'와 다르며, 5행이 반시계 방향(金→木→土→水→火)으로 역행하는 모습을 보이고 있습니다. 이 '하도'와 '낙서'는 오행의 '상생(相生)'과 '상극(相剋)'의 원리를 말하고 있는데, '하도'가 우주와 자연과 생명이 어떤 원리로 창조되고 변화하며 통일되는지를 보여 주는 반면, '낙서'는 우주가 분열하고, 완성을 향해 성장하는 모습을 나타낸다고 합니다.

　복희씨는 이 '하도'를 토대로 우주 만물의 생성, 변화의 원리를 나타내는 8개의 괘(卦)를 만들었습니다. 여기서 '괘'라는 것은 만물을 상징하는 기호를 말합니다. '괘(卦)'는 '규(圭)'와 '복(卜)'이 합해진 글자인데, '규'는 '음', '복'은 '양'을 의미하고, 하나의 괘는 음효(--)와 양효(―)라는 두 가지 막대기 모양의 기호(爻, 효)로 표시됩니다. '음'과 '양'을 두 개의 '의(儀)', 즉 '양의(兩儀)'라고 하는데, '의'는 '법칙'을 뜻하니까, '양의'는 음(--)과 양(―)이 곧 변화하는 우주 만물의 양대 법칙이라는 말이 됩니다.

태극에서 나온 '음'과 '양'을 둘씩 조합하면, 음양의 막대기가 2층으로 쌓인(2효), 4가지(2의 2승은 4) 모양이 나오는데, 이를 '사상(四象)'이라고 합니다. 사상은 음(--)과 양(―)이 처음으로 중첩되어 이루어진 네 가지 형상인데, 각각 '태양(太陽)', '소음(少陰)', '소양(少陽)', '태음(太陰)'이라고 하며, 조선 말기의 의학자인 이제마는 사상을 사람의 체질에 적용하여 '사상의학'을 창시하였습니다.

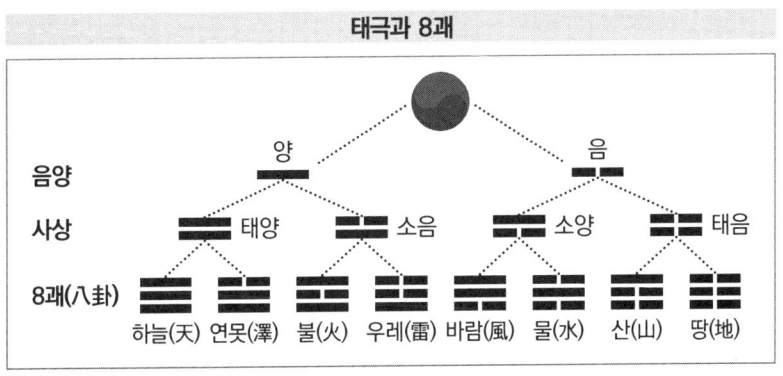

태극과 8괘

'사상'에 다시 한번 음양을 각각 한 번씩 더하면, '천지인'이나 변증법적인 '정반합'의 원리에 따라, 음양이 3번 분화한 것과 같으니, 음양의 막대기가 3층으로 쌓인 8개(2의 3승은 8)의 '괘'가 만들어집니다. 이 8개의 '괘'는 음양의 조합을 통해 나타낸 구체적인 삼라만상의 모습입니다. 8괘는 건(乾)괘, 태(兌)괘, 리(離)괘, 진(震)괘, 손(巽)괘, 감(坎)괘, 간(艮)괘, 곤(坤)괘로, 각각, 하늘, 연못(늪), 불, 우레, 바람, 물, 산, 땅을 상징하며, 그 외에 동서남북의 방위나 가족관계, 오행, 성품, 동물 등, 많은 것을 함의하고 있습니다.

8괘와 상징

괘상	☰	☱	☲	☳	☴	☵	☶	☷
괘명	乾	兌	離	震	巽	坎	艮	坤
순서	1	2	3	4	5	6	7	8
자연	하늘	연못	불	우레	바람	물	산	땅
비유	하늘	꽃	태양	줄기	뿌리	달	열매	땅
가족	父	小女	中女	長男	長女	中男	小男	母
성질	건장함	기쁨	걸림	움직임	돌아감	빠짐	그침	순함

다시, '8괘'를 위아래로 두 개씩 쌓으면(8×8) '64괘'가 되는데, 이 64괘를 통해 인간사의 길흉화복을 점치는 내용이 담긴 책이 『주역(周易)』입니다. 주역은 주나라의 '역(易, 달력)'인데, '역'은 해(日)와 달(月)이 위아래로 합쳐진 글자로, '만물은 변한다'라는 것과 '때가 되면 변한다는 것을 알고, 나아가야 할 때를 준비하라'라는 의미를 담고 있습니다. 『주역』은 점치는

기술의 원전이기도 하지만, 동양의 자연철학과 실천윤리의 근본이 되는 책입니다. 공자는 이 『주역』을 너무 좋아해서 대나무 책을 매는 가죽끈이 3번이나 끊어질 정도로 읽고 또 읽어(韋編三絕) 천하의 이치를 통달했고, 『주역』의 원문을 해석하고 이치를 밝힌 책, 『십익(十翼)』을 저술했다고 합니다.

아무튼, 우리나라의 태극기의 4괘는 '8괘'에서 나온 것입니다. 음양을 상징하는 태극 문양을 중심에 두고, '8괘' 중에서 나머지를 대표하는 4개의 '정괘(正卦)', 다시 말해, 전부 양인 하늘(☰)과 전부 음인 땅(☷), 양 속에 음이 있는 불(☲), 음 속에 양이 있는 물(☵), 4가지 괘만 대표로 배치하여 만든 것이 태극기입니다. 태극기 속에 동양철학 5천 년의 역사가 담겨 있습니다. 일설에 의하면, '복희씨'가 동이족, 즉 우리 조상이라고 합니다. 동양에서도 국기에 '태극'과 '8괘'를 동시에 쓰는 나라는 우리나라밖에 없으니, 우리가 진짜, '복희씨'의 계승자인 것 같기도 합니다.

우리 태극기는 더없이 훌륭한 국기입니다. 태극기의 정신을 우리나라가 세계의 중심 국가로 도약하는 위대한 동력으로 삼아야 하겠습니다.

5행이란 무엇인가

고대 그리스에서부터 현재에 이르기까지 철학자들은 '만물을 지배하는 우주의 근본 원리 또는 근원이 되는 물질이 무엇인가'에 대한 탐구를 멈추지 않았습니다. '기본 원리', '기원' 또는 '궁극의 구성요소'를 그리스어로 '아르케(arche)'라고 하며, 만물의 근원에 대한 질문을 '아르케에 대한 탐구'라고 하는데, 서양철학의 아버지 탈레스는 '만물의 근원은 물'이라고 했고, 헤라클레이토스는 '만물의 근원은 불'이라고 했습니다. 그런데 이두 사람이 말하는 '물'과 '불'은 음양의 시각으로 보면 같은 개념입니다.

앞서 태극기와 음양에 대해 말하면서, 양은 발산하여 팽창하려는 기운이고, 음은 수렴하여 수축하려는 기운이라고 했습니다. 또, 원래 음양의 모습은 양 속에 고밀도로 응축된 음이 있고, 고밀도로 응축된 음 속에 양이 있는 모습이라고 했습니다. 탈레스나 헤라클레이토스가 말한 물과 불은 우리 눈에 보이는 물과 불이 아닙니다. 탈레스가 말한 물은 강력한 음의 응집력으로 양이 더 이상 응축될 수 없는 상황까지 도달한 물의 기운(水氣)을 말하며, 헤라클레이토스가 말한 불은 수기(水氣) 가운데 응축되어 있는 고밀도의 불의 기운(불핵)을 말하는 것입니다.

가스는 팽창하려는 양의 기운이지만, 그것을 응축하면 물처럼 보입니다. 하지만 그 속에 고도로 응축된 불의 기운이 있어 잘못 다루면 폭발합니다. 우주에서 가장 풍부한 물질은 수소(H)입니다. 수소는 별이 만들어지는 원료이고, 태양빛과 같은 밝고 뜨거운 열을 만들어 내는 원료이기도 합니다. 모든 물질 가운데 가장 가볍고, 수소 원자 2개와 산소 원자 1개가 결합하면 물 분자가 됩니다. 수소는 물에서 얻을 수 있어 양이 풍부하고, 탈 때 이산화탄소 등을 배출하지 않는 청정 연료이기 때문에 요즘 수소차가 미래의 자동차로 부상하고 있습니다. 그런데 수소는 불에 타는 성질과 폭발성이 있습니다. 수소폭탄은 핵융합을 통해 수소 속에 내재된 뜨거운 불의 기운을 극대화시켜 만들어집니다. 수소는 물에서 얻어지는 것이니, 수소폭탄은 물이 불로 변한 것이라고 볼 수 있고, 결국 '음양은 한 몸'이라고 할 수 있습니다.

우주는 음과 양의 통일체입니다. 그런데 음양은 고정되어 있지 않고, 음과 양의 운동을 반복, 순환하면서 영원성을 유지합니다. 빅뱅(대폭발) 우주론에 따르면, 우주는 모든 물질과 에너지가 모인 한 점에서 거대한 폭발로 시작되었다고 하며, 현재 우주는 계속 팽창하고 있다고 합니다. 한 알의 콩알과 같았던 우주가 대폭발을 통해 음양이 생기고, 음양의 변화에 따라 삼라만상이 생겨난 것이죠. 현재는 양의 발산력이 음의 응집력보다 크기 때문에 우주가 팽창하고 있지만, 팽창하는 양의 기운이 극에 달하면, 다시 우주는 수축되기 시작할 것 같습니다.

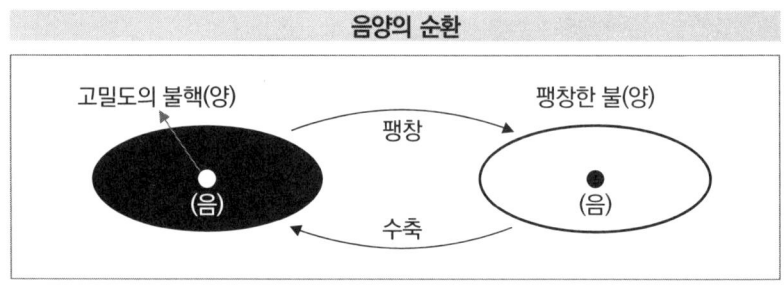

지구나 지구에 살고 있는 우리 모두는 우주의 자식입니다. 콩 심은 데 콩 나고, 팥 심은 데 팥 나듯이, 우주의 자식인 사람은 우주를 닮을 수밖에 없습니다. 그래서 사람을 '소우주'라고 합니다. 우주가 팽창과 수축을 반복하는 것처럼, 지구에는 봄, 여름, 가을, 겨울의 순환이 있고, 사람의 삶에도 출생, 성장, 노화, 사망, 새로운 세대의 출생과 같은 순환이 있습니다. 음양의 변화에 따라 팽창과 수축을 거듭하는 우주의 변화를 인간의 삶 속으로 끌고 들어와 은유와 상징으로 표현한 것이 '5행(行)'입니다. 5행은 목(木), 화(火), 토(土), 금(金), 수(水) 다섯 가지를 말하는데, 여기서 행(行)은 다니다, 운행한다는 뜻입니다.

우주가 팽창하는 초기에는 양의 발산력이 그 외부를 둘러싼 음의 응집력을 뚫고 나오는 강력한 힘이 작용하는데, 이를 '목(木)'이라고 합니다. 나무의 씨가 발아하여 땅을 뚫고 나오는 것을 생각해 보십시오. 목은 새로운 생명의 탄생을 의미하고, 계절로는 봄에 해당됩니다.

그다음은 음의 응집력을 뚫고 나온 양의 발산력이 사방으로 팽창하는 단계로, 이를 '화(火)'라고 합니다. 화는 나무가 자라 잎사귀가 생기고, 나무가 우거지는 형상입니다. 화는 성장을 의미하고 계절로는 여름에 해당됩니다.

양의 발산력이 너무 넓게 퍼져 더 이상 흩어질 수 없는 상황이 되면, 음의 응집력이 양의 에너지를 모아들이면서 다시 수축하기 시작하는데, 이를 '금(金)'이라고 합니다. 나무에 열린 열매는 금의 모습입니다. 금은 열매를 맺고 거둬들이는 것을 의미하며 계절로는 가을에 해당됩니다.

그리고 음의 응집력이 더욱 강해지면, 양의 에너지를 점과 같은 상태까지, 고밀도로 수축시키게 되는데 이를 '수(水)'라고 합니다. 수는 결실을 거둬들여 저장하는 것을 의미하며, 계절로는 겨울에 해당됩니다.

마지막으로, 목이 화가 되고, 화가 금이 되고, 금이 수가 되고, 수가 다시 목이 되는 변화의 씨를 뿌리고 거두는 것을 중계하는 것이 '토(土)'입니다. 따라서 토는 중앙에서 변화를 중계하는 농부와 같습니다.

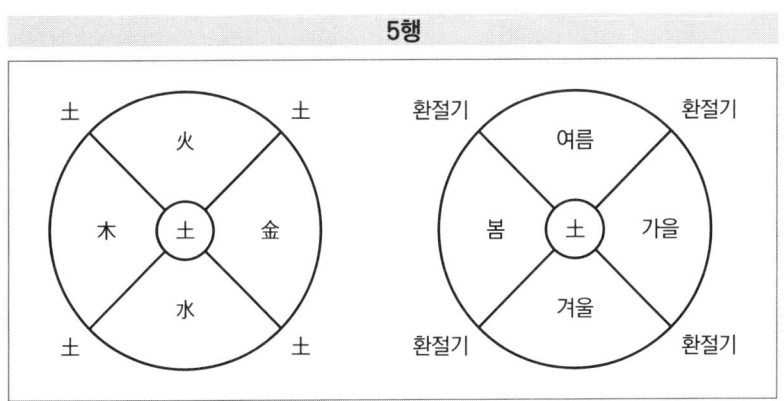

5행

5행(行)은 음과 양이 만나 빚어낸 우주 만물의 변화 원칙입니다. 5행은 우주 만물이 목, 화, 토, 금, 수, 이 다섯 걸음으로 존재한다는 의미인데, 여기서 '걸음'은 만물이 지나가는 방향이나 만물의 상태가 변화하는 양상을 말합니다. 5행 중에 '화(火)'는 수축으로의 전환점이고, '수(水)'는 팽창으로의 전환점입니다. 5행은 우주가 정체된 채로 있지 않고, 팽창과 수축을 거듭하며, 끊임없이 변화한다는 것을 말합니다. 소우주인 사람도, 살다 보면 좋을 때가 있으면, 나쁠 때도 있습니다. 그러나 어느 것도 영원하지는 않기 때문에, '이 또한 지나가리라' 같은 말이 공감을 얻는 것입니다. 5행의 원리를 기초로, 아무리 힘들어도 '자기 자신에게 지지 않을 만큼'만 힘을 내야 하겠습니다.

10천간이란 무엇인가

앞서, 우주는 한 점에서 폭발(빅뱅)하여 태극기의 가운데 문양과 같은 음양으로 분리되었고, 음양이 팽창하고 수축하는 우주의 순환과정을 '5행(行)'이라고 했으며, 5행은 우주의 걸음걸이, 즉, 우주가 변화하는 모습(Process)이라고 했습니다. 다시 말하지만, 5행은 은유와 상징입니다. 5행은 목(木), 화(火), 토(土), 금(金), 수(水) 5가지를 말하는데, 목(木)은 양이 강한 수기(水氣)를 뚫고 나오는 것, 화(火)는 양이 사방으로 팽창하는 것, 금(金)은 양의 기운이 쇠퇴하고 음의 기운이 발휘되어 수축을 시작하는 것, 수(水)는 강력한 음의 응집력으로 양의 에너지가 점과 같은 상태까지 응축되는 것, 그리고 토(土)는 목, 화, 금, 수의 중간에서 변화를 중계하는 것을 상징한다고 했습니다.

그런데 음양은 한 몸이라 서로 분리되지 않고, 양 속에 음이 있고 음 속에 양이 있습니다. 이에 따라 5행도 각각 음양의 성질을 띠게 됩니다. 이는, N극과 S극으로 되어 있는 막대자석을 정확히 반으로 나누면 분리된 각각의 부분도 다시 N극과 S극으로 나뉘는 현상과 같습니다. 목 속에도 음양이 있고, 화 속에도 음양이 있으며, 나머지도 마찬가지입니다. 5행(行) 다섯 가지 걸음 속에 각각 음양이 있으니, 우주의 걸음걸이는 총 10개가 되는데, 이를 '10천간'이라고 합니다. 10천간은 '열 가지 하늘의 기운'이란 뜻입니다.

먼저, 목(木)은 단순하게 나무를 말하는 것이 아니라, 새로운 생명이 태어나 나무처럼 하늘을 향해 쭉쭉 뻗어 나가 자라나는 성질을 말합니다. 한마디로 목은 생명의 기운을 말하며, 사람으로 치면, '출생으로부터 소년기'까지를 말한다고 볼 수 있습니다. 생명이 싹트는 계절은 봄이니 목은 봄을 상징하고, 나무가 자라는 데 필요한 따뜻한 햇살은 동쪽에서 떠오르니 방향으로는 동쪽을 상징하며, 봄의 색은 푸르니까 목의 색깔은 청색입니다.

목(木)도 음양에 따라 양목과 음목으로 구분할 수 있는데, 이를 갑(甲)과 을(乙)이라고 합니다. 양목인 갑목은, 정이품송처럼 곧고 바른 나무를 말하는데, 남성적인 것, 자기주장이 강하고, 초지일관, 자비롭고, 정직함 같은 것을 상징합니다. 반면에, 음목인 을목은 작은 나무, 풀과 같은 초목, 새싹 같은 것인데, 김수영의 시에 나오는, "바람보다 더 빨리 눕고, 더 빨리 울고, 먼저 일어나는 풀"처럼, 부드럽고 인자하며 자신을 낮추고 굽힐 줄 알고, 외유내강, 내성적, 소심함, 여성적인 것, 사교성 같은 것을 상징합니다.

화(火)는 목이 성장하여 꽃을 피우는 것을 의미하니, 이때는 한여름이고, 무더울 때입니다. 사람으로 치면, 가장 기운이 세고 활기가 넘치는 '청년기'를 상징한다고 볼 수 있습니다. 화는 발산하는 뜨거운 기운이니 계절로는 여름이고, 염천(炎天)의 해는 남쪽에 위치하니 방향으로는 남쪽, 그리고 색깔로는 빨간색을 상징합니다.

화(火)를 음양에 따라 구분하면 양화와 음화로 구분할 수 있는데, 이를 병(丙)과 정(丁)이라고 합니다. 양화인 병화는 태양, 용광로, 화산, 화재와 같은 큰불을 말하는데, 밝고 명랑하며 적극적, 개방적이고, 성격이 급한 편 같은 것을 상징합니다. 반면에, 음화인 정화는 촛불, 화롯불, 모닥불, 형광등 같은 작은 등불을 말하며, 병화처럼 밝지는 않지만, 여전히 밝고 명랑하며, 은근한 끈기와 인내심, 침착하고 세심하며 성실하고 착실함 같은 것을 상징합니다.

토(土)는 5행의 중간에서 변화를 중계하는 힘으로, 흙과 같은 것을 의미합니다. 초목은 땅에 뿌리를 내리고 자라며, 사람도 땅을 밟고 생명을 유지하며 살아갑니다. 땅은 사시사철, 사방의 중심에서 자애로움과 포용력으로 만물을 길러내고 보호합니다. 이런 형상은 모두 토에 해당되니, 토는 방향으로는 중앙, 색깔로는 황색이며, 계절로는 환절기에 해당됩니다.

토(土)는 음양에 따라 무(戊)토와 기(己)토로 구분됩니다. 양토인 무토는 벌판, 들판, 밭, 논과 같은 넓은 대지의 흙을 말하는데, 은근한 고집과 자기중심적인 부분이 있고, 자존심이 강하지만 너그러운 마음씨를 가지고 있는 것 등을 상징합니다. 음토인 기토는 화분, 정원의 흙 같은 좁은 땅을 말하며, 소극적이고 안정적, 환경 적응력, 자기통제력, 내성적, 인내심, 두뇌가 뛰어나고, 지혜가 출중함 같은 것을 상징합니다.

금(金)은 꽃이 저물고 열매가 맺혀 다음 세대를 준비하는 것을 의미합니다. 이때는 가을이니, 금의 계절은 가을이며, 방위상으로는 서쪽입니다. 가을 열매의 딱딱함은 쇠붙이와 같고, 쇠붙이의 색깔은 흰색입니다. 가을에는 뜨거운 햇살이 시들고 서늘해집니다. 사람의 일생으로 보면 '장년기'에 해당하며, 직업생활을 잘 마무리하고, 물러날 준비를 해야 하는 때라고 할 수 있습니다.

금(金)은 음양에 따라 경(庚)금과 신(辛)금으로 구분됩니다. 양금인 경금은 무쇠 덩어리, 금광, 바위산, 큰 배, 기차, 비행기 같은 것을 말하고, 적극적이고, 자기과시와 자기주장이 강하며, 언변력이 있고, 개인 성향이 강함 같은 것을 상징합니다. 음금인 신금은 면도칼, 바늘, 시계, 칼, 금은 보석, 작은 돌덩이를 말하며, 예민함, 섬세함, 똑똑함, 그리고 자기주장이 강하고 권력 지향적인 것 같은 것을 상징합니다.

수(水)는 물로 상징되는 것입니다. 물은 응축하려는 성질이 있습니다. 보통 때는 물 분자가 응축되어 물이지만, 기온이 낮을 때는 단단한 얼음이 됩니다. 계절로는 겨울이고 방위상으로는 북쪽입니다. 씨앗인 금은 땅에 떨어져 다음 세대의 탄생을 준비합니다. 단단한 씨앗의 살 속에는 물기가 들어 있습니다. 씨앗은 땅속으로 들어가, 겨우내 동면에 들어가니 어둡고 검은색이며 사람의 일생으로 보면 '노년기'에 해당된다고 할 수 있습니다.

수(水)도 음양에 따라 임(壬)수와 계(癸)수로 나뉩니다. 양수인 임수는 바다, 강, 호수 등과 같은 큰물이고, 자기를 보여 주고 싶어 함, 총명함 그리고 원만한 성격, 인내심, 도량이 넓음 등을 상징합니다. 음수인 계수는 여름철에 내리는 소나기, 안개, 이슬비, 시냇물과 그릇에 담긴 작은 물인데, 온화하고 섬세하고 다정하고 여린 심성과 두뇌가 명석하고 지혜가 뛰어남, 매사에 치밀하나 소심함 등을 상징합니다.

10천간과 상징

구분	甲/乙	丙/丁	戊/己	庚/辛	壬/癸
색상	청색	적색	황색	백색	흑색
방향	동	남	중앙	서	북
숫자	3, 8	2, 7	5, 10	4, 9	1, 6
오장	간	심장	비장	폐	신장
육부	담(쓸개)	소장	위장	대장	방광

음양으로 보면 천간은 원래 양의 기운입니다. 양은 태양이고 하늘입니다. 그러나 양 속에 음이 있고 음 속에 양이 있으니, 하늘의 기운인 천간을 음양으로 다시 세분화하면 10가지로 나눌 수 있는데, 10천간 중 갑(甲), 병(丙), 무(戊), 경(庚), 임(壬)은 양간(陽干)이고, 을(乙), 정(丁), 기(己), 신(辛), 계(癸)는 음간(陰干)입니다. 양간은 활동적, 적극적, 공격적, 동(動)적인 것을 상징하고, 음간은 이성적, 소극적, 방어적, 정(靜)적인 것을 상징합니다. 정리하면, 음양이 변화하여 5행으로, 5행은 다시 음양에 따라 10천간으로 나누어지는 것입니다.

12지지란 무엇인가

만물은 태극에서 시작되었다고 했습니다. 그런데 N극과 S극의 막대자석을 반으로 자르면 다시 N극과 S극을 가진 새끼 자석이 나오듯이, 태극에서 비롯된 만물은 각자가 태극을 포함하고 있습니다. 그래서 우주는 대우주, 만물은 소우주라고 부릅니다. 다시 말하면, 양 속에 음과 양이 있고, 음 속에도 음과 양이 있습니다. 여성이지만 속에는 남성 같은 성질이 숨어 있고, 남성이지만 속에는 여성 같은 성질이 숨어 있는 것이죠. 주변을 둘러보면, 남성 같은 기질이 강하게 느껴지는 여성도 있고, 여성스러운 면이 많이 보이는 남성도 있지 않습니까?

음양으로 말하면, 하늘은 양이고, 땅은 음입니다. 앞서 말한 10천간은 하늘의 기운인데, 5행을 음양으로 다시 나눈 것입니다. 땅의 기운은 지지(地支)라고 합니다. 지지도 5행을 음양에 따라 나누면 10가지가 되겠지만, 지지를 12개로 나눈 것은 계절적인 의미가 크다고 보입니다.

옛날 사람들은 참 똑똑했던 것 같습니다. 해가 뜨고 지고, 계절이 변하고, 만물이 성장과 쇠퇴하는 것을 보며, 1년은 12달로 구성된다는 것을 알았던 것 같습니다. 어느 때가 되면 햇살이 따뜻해지고 만물이 싹을 틔우며, 어느 때가 되면 햇살이 더 뜨거워지고 만물이 크게 성장하며, 어느 때가 되면 햇살이 서늘해지면서 열매가 맺히고, 또 어느 때가 되면 햇살이 잦아들면서 낙엽이 지고 씨가 떨어져 땅속으로 들어가는지 관찰과 경험을 통해 알았던 것이죠. 그래서 음양에서 4상이 나왔듯이, 계절을 4계절로 나누고 그것을 다시 세분화하여 12달로 나누고, 사람들이 알기 쉽도록 각 달을 상징하는 동물을 대입시키고 여러 가지 의미를 부여한 것입니다.

지지에서 오행을 음양에 따라 구분해 보는데, 토(土)는 중간에서 목(木), 화(火), 금(金), 수(水)의 변화를 중계하는 것입니다. 봄에서 여름으로, 여름에서 가을로 바로 바뀌는 것이 아니고, 중간에 계절이 바뀌는 환절기가 있는데, 그 역할을 하는 것이 토(土)입니다. 따라서 토(土)는 봄, 여름, 가을, 겨울 각각의 중간에 위치하니 모두 4가지이며, 토(土)를 음양에 따라 나누면, 진(辰), 미(未), 술(戌), 축(丑)토로 나뉩니다.

목(木)은 인(寅)목과 묘(卯)목으로 나뉩니다. 인(寅)목은 양목이며, 큰 나무, 고목, 사목(死木)을 상징합니다. 인(寅)목은 양의 기운이 처음으로 발생하여 만물이 움직이기 시작함을 뜻하며, 음력으로 1월이고, 상징하는 동물은 호랑이입니다. 겨우내 웅크리고 있던 호랑이가 포효를 시작하자, 겨우내 잠자고 있던 만물이 깨어나는 모습을 상상해 보십시오.

묘(卯)목은 음목이며, 작은 나무와 화초, 풀입니다. 묘(卯)목은 새싹이 땅을 뚫고 힘겹게 솟아나는 모습을 그린 글자로, 계절로는 음력 2월이고, 상징하는 동물은 토끼입니다. 새싹을 찾아 이리저리 뛰어다니는 토끼의 모습이 그려지지 않습니까?

진(辰)토는 양의 토인데, 물기를 머금은 흙으로 넓은 땅, 들판, 논밭 등을 말합니다. 진(辰)은 진동하고 움직이고 퍼지는 것으로 만물이 활짝 펴고 나오는 모습, 빠르게 진동하여 예전의 몸을 벗어나는 것을 의미하며 음력 3월에 해당되고 상징하는 동물은 용입니다. 이무기가 용이 되어 승천하듯이 2월에 나온 새싹에서 줄기와 가지, 잎사귀가 생기고 자라나는 모습을 떠올려 보십시오.

화(火)를 음양으로 나누면, 사(巳)와 오(午)가 됩니다. 사(巳)화는 태양, 용광로 같은 큰불을 말합니다. 사(巳)화는 음의 화(火)로, 태양이 황도상의 북쪽 끝에 이른 하지(夏至)이며, 양의 기운이 극에 달해 만물이 마구마구 왕성하게 자라나는 모습이고, 음력 4월에 해당되며, 상징하는 동물은 뱀입니다. 이때가 뱀의 활동이 가장 왕성한 시기라고 합니다.

오(午)화는 양의 화(火)로, 작은 불, 촛불, 형광등을 상징하지만, 양의 기운이 절정에 달한 때로 사(巳)화보다 더 뜨겁습니다. 양의 기운이 극에 달하면 음의 기운이 시작되듯이 만물의 성장이 극에 달한 때를 의미하며, 음력 5월에 해당되고 상징하는 동물은 말입니다. 뜨거운 햇살 아래 초원을 질주하는 말을 생각해 보십시오.

미(未)토는 음의 토로, 작은 흙, 정원, 화분의 흙을 상징하는데, 미(未)는 맛(味)의 의미가 있습니다. 만물이 성숙되어 제맛을 갖추게 되는 것을 의미하며, 음력 6월에 해당되고 상징하는 동물은 양입니다. 한자로 양(羊)은 상서롭다(祥), 아름답다(美), 착하다(善), 옳다(義) 등에 쓰입니다. 만물이 풍성하게 결실을 맺기 시작하는 것을 농사짓는 일의 가장 큰 보람이라 생각하여 양을 6월을 상징하는 동물로 삼은 것 같습니다.

금(金)을 음양으로 나누면 신(申)금과 유(酉)금으로 나뉩니다. 신(申)금은 양의 금이고, 큰 쇳덩이, 바위, 기차, 버스, 비행기 같은 것을 상징합니다. 신(申)은 끌어당기며 자란다는 의미가 있으니, 늙은 것을 끌어당겨 성숙하게 만드는 것을 말하고, 만물이 결실을 맺기 시작하는 것이니, 가을을 의미합니다. 신(申)은 햇빛(日)이 분열(丨)하는 형상이며, 음력 7월에 해당하고, 상징하는 동물은 원숭이입니다. 신(申)은 떼를 지어 나무(丨)를 타고 있는 원숭이들의 큰 입(日)을 본떠 만든 글자인데, 이는 원숭이들에게 나무 열매와 빛의 상이 있기 때문이라고 합니다.

유(酉)금은 음의 금이고, 작은 금속, 보석, 바늘, 주사기 같은 것을 상징합니다. 유(酉)금에는 늙고(老) 여물었다는 뜻이 있으니, 완전히 잘 익어서 성숙된 것을 의미하며, 만물이 성숙되어 점차 기운이 쇠퇴하기 시작함을 말합니다. 계절로는 음력 8월이고 상징하는 동물은 닭입니다. 요즘은 아무 때나 닭고기를 먹을 수 있지만, 옛날에는 닭도 귀했습니다. 힘든 농사일로 지친 가을쯤에나 비로소 만물이 완전히 익은 것처럼 포동포동 살이 찐 닭을 잡아 몸보신하던 옛사람들 모습을 떠올려 보십시오. 예전에 토종닭을 주로 가을에 잡아먹었던 이유도 다 그 때문이었던 것이죠.

술(戌)토는 양의 토로, 넓은 땅, 사막, 벌판 등의 마른 땅을 상징하는데, 불이 점차 사그라들듯이 양의 기운이 미약해져 서서히 땅속으로 들어가는 것을 의미하며, 만물의 성장이 다하여 모두 사멸하는 것을 뜻합니다. 계절로는 음력 9월, 상징하는 동물은 개입니다. 술(戌)자는 태양이 저 멀리 대지 아래로 저물어 가는 모습을 그린 글자라고 합니다. 해가 지면 인간에게 가장 친숙한 동물이 개입니다. 개가 집을 지키기 시작하는 시간대도 술시(저녁 7~9시)입니다.

해(亥)수는 음의 수(水)로, 큰물, 바닷물, 강물을 상징합니다. 해(亥)는 씨앗(핵)이고 닫고 막는다(該)는 뜻이 있다고 합니다. 양의 기운이 다하여 감추어진 것과 같이 만물이 숨고 닫히는 것을 뜻하며, 계절로는 음력 10월, 상징하는 동물은 돼지입니다. 해(亥)는 물이 땅속에 들어찬 모습이고, 돼지의 모양을 본떠 만든 글자라고 합니다. 추수를 다 끝내고 돼지머리를 제사상에 올리고 조상들께 제사를 올리는 모습을 상상해 보십시오.

자(子)수는 양의 수(水)로, 맑고 차가운 물을 상징합니다. 자(子)는 씨앗이며 모든 생명체의 시작입니다. 땅속으로 들어간 씨앗에서 양기(陽氣)가 생기기 시작하여 싹이 틀 기운을 간직하게 됨을 말하며, 그 시기는 해가 남쪽 끝까지 내려간 동지로부터 1개월, 음력 11월입니다. 상징하는 동물은 겨울에 활동이 가장 왕성하고 번식력이 좋은 쥐입니다. 자(子)는 공자, 맹자처럼 성인을 뜻하기도 합니다. 지혜의 씨앗이 되는 사람들이죠. 그럼

영자, 순자는요? 아마도 아들이 귀한 집안에서 아들을 많이 낳자고 붙인 이름이 아닌가 싶기도 합니다.

축(丑)토는 음의 토로, 좁은 땅, 정원이나 화분의 흙을 상징합니다. 축(丑)은 다음 봄을 준비하는 때입니다. 음의 기운이 다하고, 양의 기운이 다시 시작되어, 땅이 갈라지면서 만물이 나오기 시작하는 시기로, 축(丑)은 어린싹이 땅을 헤치며 올라오는 모습이고, 계절로는 음력 12월, 상징하는 동물은 소입니다. 씨를 뿌리기 위해서는 논밭을 갈아야 하고, 그래서 소를 축월의 상징 동물로 삼은 것 같습니다.

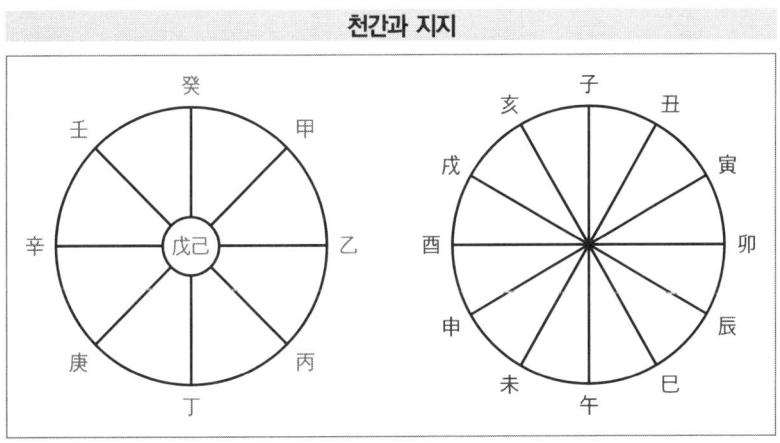

천간과 지지

음양으로 보면 지지는 원래 음의 기운입니다. 음은 땅이고 지구입니다. 그러나 양 속에 음이 있고 음 속에 양이 있으니, 땅의 기운인 지지를 음양으로 다시 세분화하면 12가지로 나눌 수 있는데, 12지지 중 자(子), 인(寅), 진(辰), 오(午), 신(申), 술(戌)은 양(陽)이고, 축(丑), 묘(卯), 사(巳),

미(未), 유(酉)는 음(陰)입니다.

　10천간이 하늘에서 이루어지는 10가지 우주 변화의 모습이라면, 12지지는 땅에서 이루어지는 만물의 생성과 소멸, 그리고 새로운 생명의 탄생의 순환과정을 여러 가지 상징으로 표현한 것입니다. 이 10천간, 12지지를 조합하면 60갑자가 나옵니다. 60갑자는 오늘날까지 5천 년이 넘는 생명력을 이어오면서, 달력의 역할을 하고 있으며, 인간의 운명과 길흉화복, 그리고 미래를 예측하는 수단이 되고 있습니다.

60갑자란 무엇인가

올해 새해 첫날은 양력(陽曆)으로는 서기 2021년 1월 1일이고, 음력(陰曆)으로는 2020년 11월 18일입니다. 또 단기 4354년, 불기 2565년, 역력(易曆)으로는 경자(庚子)년, 기축(己丑)월, 기유(己酉)일입니다. 똑같은 날을 부르는 이름이 왜 이렇게 많고 복잡할까요?

우선, '단기'는 단군 할아버지께서 우리나라를 건국한 기원전 2333년을 기점으로 날짜를 셌을 때 4,354년째라는 것이고, '불기'는 부처님이 탄생하신 지 2,565년째라는 것이며, '서기'는 예수님이 탄생한 이래로 2,021년째라는 것입니다. 그리고 예수님 탄생을 기점으로 기원전(B.C)과 기원후(A.D)로 나눈다는 것은 다 아실 것입니다.

'양력'은 지구가 태양의 주위를 한 바퀴 도는 데 걸리는 시간을 1년으로 정해 만든 달력으로, 이집트에서 제일 처음 사용하기 시작했다고 합니다. 그 후 로마에 전해져 '율리우스력'이 되었는데, 약간의 오차가 있음이 발견되어, 교황 그레고리우스 13세가 1582년에 고쳐 만든 것이 '그레고

리우스력'으로, 전 세계에서 지금까지 사용 중입니다.

'음력'은 달이 지구를 한 바퀴 도는 시간을 기준으로 만든 달력인데, 옛날부터 동양뿐 아니라 세계 각지에서 음력을 사용해 왔고, 우리나라도 1895년까지는 음력을 사용했습니다. 고종황제의 명령에 따라 1896년 1월 1일부터 양력을 쓰게 되었지만, 음력은 지금도 널리 사용되고 있고, 우리나라 명절도 그에 따라 쇠고 있습니다.

태양은 항상 똑같은 모습이지만, 달은 날마다 모양이 달라지므로 날짜가 변하는 것을 측정하는 데 있어 태양보다 나은 점이 있습니다. 또, 바다에서 밀물과 썰물의 주기는 달의 운행과 직결되므로 천문학이나 수산업, 항해술 등에 있어서는 음력이 더 중요하고, 예로부터 24절기가 음력에 따라 표시되어 있으니, 농사를 짓는 데도 유리한 점이 있어 지금까지 널리 사용되고 있습니다.

그런데 양력은 1년이 365.25일이고, 음력은 354.36일로 약 11일의 차이가 있습니다. 양력은 지구의 공전에 따른 계절의 변화를 파악할 수 있고, 음력은 달이 차고 기우는 데 따른, 조수 간만의 차이나 여러 가지 자연현상을 파악하는 데 유리한 점이 있어 양력에 음력을 맞추기 위해 윤달을 두고 있습니다. 다시 말해, 음력에는 5년에 두 번꼴로 윤달을 추가하여, 그해에는 1년이 12달이 아닌, 13달이 되는 것이죠.

하늘의 기운인 '천간(天干)'과 땅의 기운인 '지지(地支)'를 조합하여 '간지(干支)'라고 하는데, 천간은 갑(甲)에서부터, 을(乙), 병(丙), 정(丁), 무(戊), 기(己), 경(庚), 신(辛), 임(壬), 계(癸)까지 10개고, 지지는 자(子)로부터 축(丑), 인(寅), 묘(卯), 진(辰), 사(巳), 오(午), 미(未), 신(申), 유(酉), 술(戌), 해(亥)까지 12개입니다.

천간과 지지

천간	甲	乙	丙	丁	戊	己	庚	辛	壬	癸
지지	子	丑	寅	卯	辰	巳	午	未	申	酉	戌	亥

이 천간과 지지를 조합하면 하나의 간지가 만들어집니다. 예를 들어, 10천간의 첫 번째인 '甲'과 12지지의 첫 번째인 '子'를 조합하여 '갑자(甲子)'가 만들어지고, 10천간의 두 번째인 '乙'과 12지지의 두 번째인 '丑'을 결합하면 '을축(乙丑)'이 만들어집니다. 이러한 순서로 계속 만들어 가다 보면, 병인(丙寅), 정묘(丁卯), 무진(戊辰), 기사(己巳)로부터 계해(癸亥)까지 총 60개의 간지가 만들어지며, 이를 '60갑자(甲子)'라고 합니다.

60갑자

甲子	乙丑	丙寅	丁卯	戊辰	己巳	庚午	辛未	壬申	癸酉
甲戌	乙亥	丙子	丁丑	戊寅	己卯	庚辰	辛巳	壬午	癸未
甲申	乙酉	丙戌	丁亥	戊子	己丑	庚寅	辛卯	壬辰	癸巳
甲午	乙未	丙申	丁酉	戊戌	己亥	庚子	辛丑	壬寅	癸卯
甲辰	乙巳	丙午	丁未	戊申	己酉	庚戌	辛亥	壬子	癸丑
甲寅	乙卯	丙辰	丁巳	戊午	己未	庚申	辛酉	壬戌	癸亥

갑자(甲子)로부터 시작하여 계해(癸亥)까지 가면, 다시 처음으로 돌아와 갑자(甲子)가 되는데, 한 바퀴 돌았다 해서 '환갑(環甲)'이라고 합니다. 갑자(甲子)년에 태어나 다시 갑자(甲子)년을 맞으면, 또는 신축(辛丑)년에 태어난 아이가 다시 신축(辛丑)년을 맞으면 60살이 되는 것이니, 옛날에는 오래 살았다고 환갑잔치를 열어 축하해 주곤 했는데, 요즘은 평균수명이 늘다 보니 환갑잔치한다고 하면 남들에게 민폐가 됩니다.

천간과 지지의 조합을 보면 원래 천간이 10개고 지지가 12개라 이를 조합하면 120개(10×12=120)의 간지가 나와야 할 것 같지만, 양(陽)의 지지(地支)는 항상 양(陽)의 천간(天干)과 결합하게 되고, 반대로 음(陰)의 지지(地支)도 항상 음의 천간(天干)과 결합하게 되니 60개의 간지(干支)가 나오는 것입니다.

60개의 간지(干支)를 년(年)에 적용하면 '세차(歲次)'라고 하고, 월(月)에 적용하면 '월건(月建)', 일(日)에 적용하면 '일진(日辰)'이라고 합니다. 제사를 지낼 때 올리는 축문은 '유~세차(維~歲次) 모월 모일'로 시작하는데, 여기서 세차(歲次)는 그해(몇 년도)를 말하는 것이고, '오늘은 일진이 나쁘다' 할 때 일진(日辰)은 그날의 간지(干支)를 말하는 것입니다.

60개의 간지를 가지고 달력으로 쓰기 시작한 것은, 중국의 황제가 즉위한 기원전 2696년부터라고 합니다. 그날 그 시간을 갑자(甲子)년, 갑자월, 갑자일, 갑자시로 삼은 것이죠. 그날, 음력으로 11월 1일 밤 자정, 동지가 시작되는 시점에 북쪽(子)에서 해와 달 그리고 다섯 개의 별

(日月五星)이 일직선으로 늘어선 현상을 관측했다고 합니다. 그래서 그날 그 시점을 동양 달력(干支曆)의 출발점인 갑자(甲子)년으로 삼았다는 것입니다.

명리학에서는 60갑자를 가지고, 그 사람이 태어난 년월일시를 따져 그 사람의 운명과 미래를 예측합니다. 예를 들어, 2020년 7월 25일 오후 1시에 태어나는 아이는 역학 달력(易曆, 만세력)으로는 경자(庚子)년, 계미(癸未)월, 기사(己巳)일, 신미(辛未)시 생(生)이 됩니다. 이것이 그 아이의 사주팔자인데, '년(年), 월(月), 일(日), 시(時) 4개의 기둥'이라고 해서, 기둥 주(柱)자를 써 '4주(四柱)'라고 하고, '글자가 8개'라고 해서 '8자(字)'라고 합니다.

금융이나 재테크 또는 리더십 강의를 하다가, 가끔 재미 삼아 올해 '신축(辛丑)년의 의미', '사주와 건강' 같은 것을 말하곤 하는데, 자신은 기독교를 믿어 관심이 없다고 하거나 미신으로 취급하는 사람도 있어 조심스럽기도 합니다. 하지만, 신(神)이 있어 세상을 만들었다면, 아마 '음양의

원리'를 기초로 만든 것이 아닌가 싶습니다. 그 음양의 원리에서 출발하여 '60갑자'까지 온 것이고, '음양의 원리는 우주의 원리'이기 때문에, 사람을 포함한 세상 만물은 그 원리의 적용을 받게 되는 것이죠.

아무튼, 지금 이 순간에도 세상은 60갑자의 원리로 돌아가고 있습니다. 왜놈들은 1592년 임진(壬辰)년에 쳐들어왔고, 또 1910년 경술(庚戌)년에 우리나라 국권을 침탈했으며, 1919년 기미(己未)년 3월 1일 우리나라 백성들을 학살했고, 재작년 기해(己亥)년에 다시 '무역왜란'을 일으켰습니다. 분통이 터지고, 피가 끓는 일인데, 우리는 그 사건들을 잊지 않기 위해 '임진왜란', '경술국치', '기미 3.1운동', '기해왜란'과 같이 60갑자로 기억합니다.

올해는 신축(辛丑)년이고 내년은 임인(壬寅)년, 그다음 해는 계묘(癸卯)년입니다. 4월은 임진(壬辰)월이지만, 5월은 계사(癸巳)월이고, 8월 7일 입추(立秋)가 되면 하반기가 시작되어 신축(辛丑)년에서 신(辛)의 기운은 잦아들고 축(丑) 기운이 강해지게 됩니다. 그러면 사주팔자에 따라 누군가는 더 좋아질 것이고, 또 누군가는 그전만 못하게 될 것입니다. 이처럼 세상은 음양의 변화에 따라, 좀 더 구체적으로 말하면, 60갑자의 흐름에 따라 늘 변합니다. 당연한 변화에 잘 대처하고, 오히려 변화를 즐길 수 있도록 노력해야 하겠습니다.

나의 사주팔자는 어떻게 생겼을까

태어난 시각을 잘 알고 계십니까? 옛날에는 시간 개념도 부정확했고, 대부분 집에서 아이를 낳았는데, 산모는 아이를 낳느라 너무 힘들어서 자기가 낳은 자식을 언제 낳았는지 기억을 못 하는 경우가 많았습니다. "엄마 나 언제 낳았어?" 하고 여쭤봐도 "그때가 닭이 울고 얼마 안 된 때 같은데…" 혹은, "저녁 먹을 때쯤인가, 해거름 참이었던 것 같은데…"와 같은 식으로 대답을 하시니 자기가 태어난 시각이 부정확했던 것이죠.

요즘은 대부분 병원에서 아이를 낳기 때문에, 병원에서 준 '출생증명서'를 보면, 몇 년 몇 월, 며칠, 몇 시에 낳았다는 사실이 정확하게 기록되어 있고, 그걸 가지고 동사무소에 찾아가면 출생증명서에 태어난 년월일시를 적도록 되어 있으니, 나중에라도 자기가 태어난 시각을 모를 일은 없습니다. 세상 참 좋아진 것입니다.

1970년대부터 어느 나라, 어떤 업체에서 만든 어떤 상품인지 쉽게 알 수 있도록 물건마다 바코드를 사용하고 있습니다. 바코드는 굵거나 얇은 막대기 2가지, 다시 말해 2진법 0과 1로 표시된 4자리 13개의 숫자로 구성되어 있습니다. 맨 앞의 3개는 제조국가, 다음 4개는 제조업자, 그다음 5개는 상품의 고유번호, 마지막 1개는 앞의 바코드가 제대로 읽혔는지 체크하는 역할이라고 합니다.

사람을 바코드에 빗대어 이야기하니 좀 그렇지만, 바코드가 제조국가, 제조업자, 상품, 체크, 4가지로 구성되어 있듯이, 사람의 사주는 년, 월, 일, 시 4개의 간지로 구성되어 있습니다. 4개의 기둥이라고 해서 각각을 년주(年柱), 월주(月柱), 일주(日柱), 시주(時柱)라고 합니다. 년주는 출생한 해, 월주는 출생한 달, 일주는 출생한 일, 그리고 시주는 출생한 시간을 말하니, 만약에 2020년 8월 2일(음력 6월 13일) 12시에 태어난 A라는 아이의 경우 년주는 경자(庚子), 월주는 계미(癸未), 일주는 정축(丁丑), 그리고 시주는 병오(丙午)가 됩니다. 이것이 아이의 사주고, 출생과 동시에 하늘로부터 부여받는 보이지 않는 아이만의 바코드라고 할 수 있습니다.

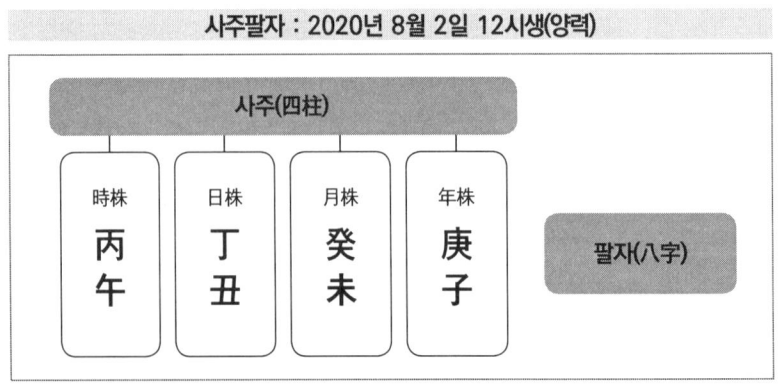

4개의 기둥인 사주는 각각 의미하는 바가 다릅니다. 년주는 유년기로 계절로는 봄, 나이로는 유년기인 1~20세, 사회적 측면에서는 조상, 사회, 직장을 상징합니다. 월주는 여름, 청년기인 21~40세, 부모, 형제, 가정을 상징하고, 일주는 가을, 장년기인 41~60세, 본인과 처를 상징하며, 시주는 겨울, 노년기인 60세 이후, 자식을 상징합니다. 어떤 조상을 둔 어떤 부모에게 태어나 어떤 부부생활을 하며 어떤 자식을 둘 것인가, 혹은 초년의 삶은 어떻고 청년기의 삶은 어떻고 장년기, 노년기에는 어떤 삶을 살 것인가를 나타낸다고 할까요?

그럼 사주는 어떻게 뽑을까요? 만세력(萬歲曆)에서 그 사람이 태어난 년월일시를 찾아보면 사주를 알 수 있지만, 요즘은 만세력 앱이 잘 나와 있어, 앱을 열고 생년월일시만 입력하면 곧바로 사주가 나옵니다. 간혹 틀린 경우도 있으니 정확한 것은 만세력을 통해 구하는 것이 가장 좋습니다.

년주인 세차(歲次)는 출생한 해의 간지(干支)를 말합니다. 2020년은 경자년이니 경자가 되는데, 역(易)에서 1년의 시작은 양력도 아니고 음력도 아닌 절기(節氣)를 기준으로 하여, 입춘(立春)일을 1월 1일로 봅니다. 만세력에 의하면, 경자년의 경우 입춘일은 음력으로는 1월 11일, 양력으로 2월 4일이었습니다. 2020년 1월 1일 아침, 방송마다 경자년 새해가 밝았다고 난리를 쳤지만, 2월 4일부터가 경자년이었습니다. 따라서 2월 3일까지 태어난 아이는 경자년 생이 아니라 그전 해인 기해년 생이 됩니다.

월주인 월건(月建)은 태어난 달의 간지를 말합니다. 년주를 정할 때 입춘을 기준으로 하듯이, 월주도 월의 절기를 기준으로 합니다. 년에서, 2020년은 경자, 2021년은 신축, 2022년은 임인과 같이 돌아가듯이, 월, 일, 시 모두에서 60갑자가 돌고 있습니다. 월건은 만세력에서 찾아도 되지만, 태어난 해만 알아도 쉽게 찾을 수 있도록 정리한 표를 보시면 됩니다. 표에는 음력 월, 절기, 년간으로 구분되어 있습니다. 갑기년, 다시 말해 갑인년, 갑진년, 갑오년처럼 갑(甲)으로 시작하는 해나, 기(己)로 시작하는 해는 1월은 병인월부터 시작하여 2월은 정묘월, 3월은 무진월이라는 것입니다. 그럼 A라는 아이는 경자년, 음력으로는 6월생이니까, 을경년과 6월이 만나는 지점의 간지를 찾으면, 계미(癸未)입니다. 따라서 A가 태어난 달의 월건은 계미가 됩니다.

월건(月建) 찾는 법

음력	1월	2월	3월	4월	5월	6월	7월	8월	9월	10월	11월	12월
절기	입춘	경칩	청명	입하	망종	소서	입추	백로	한로	입동	대설	소한
甲/己년	丙寅	丁卯	戊辰	己巳	庚午	辛未	壬申	癸酉	甲戌	乙亥	丙子	丁丑
乙/庚년	戊寅	己卯	庚辰	辛巳	壬午	癸未	甲申	乙酉	丙戌	丁亥	戊子	己丑
丙/辛년	庚寅	辛卯	壬辰	癸巳	甲午	乙未	丙申	丁酉	戊戌	己亥	庚子	辛丑
丁/壬년	壬寅	癸卯	甲辰	乙巳	丙午	丁未	戊申	己酉	庚戌	辛亥	壬子	癸丑
戊/癸년	甲寅	乙卯	丙辰	丁巳	戊午	己未	庚申	辛酉	壬戌	癸亥	甲子	乙丑

일주는 출생한 날의 일진(日辰)을 말합니다. 만세력에서 출생한 날을 찾아보면 그 날짜 밑에 일진이 적혀 있는데, 그것이 바로 그 사람의 일진이 됩니다. 만세력에서 2020년 8월 2일의 일진은 정축(丁丑)입니다. 따라서 A라는 아이의 일진은 정축이 됩니다. 정축일은 그 전날(8월 1일)

자시(11~1시)부터 다음 날 해시(9~11시)까지이기 때문에, A가 8월 2일 자시에 출생했다면, A의 일진은 정축이 아니라 다음 날인 8월 3일, 무인(戊寅)이 됩니다.

어떤 학자들은 자시(11~1시)를 둘로 나눠 야자시(11~12시), 정자시(11~1시)로 구분하여, 야자시에 태어난 사람은 그날의 일진을, 정자시에 태어난 사람은 그다음 날의 일진을 사용해야 한다고 하는데, 이미 자시부터 새로운 날이 시작되기 때문에 자시에 태어난 사람은 다음 날의 일진을 사용하는 것이 맞는 것 같습니다.

시주는 태어난 시의 간지를 말합니다. 시간은 자시부터 시작하여 해시까지 12단계로 구성되어 있습니다. 자(子)시는 밤 11시부터 다음 날 1시까지이며, 축(丑)시는 오전 1시부터 3시까지, 인(寅)시는 3시부터 5시까지… 이런 식으로 흘러갑니다. 시주를 정하기 위해 표를 보시면, 예를 들어, 갑(甲)기(己)일생은 자시인 갑자(甲子)시부터 시작하여, 을축(乙丑), 병인(丙寅), 정묘(丁卯)… 을해(乙亥)시까지, 을(乙)경(庚)일생은 병자(丙子)시부터 정해(丁亥)시까지라는 것을 알 수 있습니다. A라는 아이는 정축일 12시 생이니까 표에서 정(丁)임(壬)일과 12시가 만나는 지점을 찾으면 병오(丙午)라고 적혀 있습니다. 따라서 A의 시주는 병오가 됩니다.

시주(時柱) 찾는 법

시간	子시 오후 11시 ~ 오전 1시	丑시 오전 1시 ~ 오전 3시	寅시 오전 3시 ~ 오전 5시	卯시 오전 5시 ~ 오전 7시	辰시 오전 7시 ~ 오전 9시	巳시 오전 9시 ~ 오전 11시	午시 오전 11시 ~ 오후 1시	未시 오후 1시 ~ 오후 3시	申시 오후 3시 ~ 오후 5시	酉시 오후 5시 ~ 오후 7시	戌시 오후 7시 ~ 오후 9시	亥시 오후 9시 ~ 오후 11시
甲/己일	甲子	乙丑	丙寅	丁卯	戊辰	己巳	庚午	辛未	壬申	癸酉	甲戌	乙亥
乙/庚일	丙子	丁丑	戊寅	己卯	庚辰	辛巳	壬午	癸未	甲申	乙酉	丙戌	丁亥
丙/辛일	戊子	己丑	庚寅	辛卯	壬辰	癸巳	甲午	乙未	丙申	丁酉	戊戌	己亥
丁/壬일	庚子	辛丑	壬寅	癸卯	甲辰	乙巳	丙午	丁未	戊申	己酉	庚戌	辛亥
戊/癸일	壬子	癸丑	甲寅	乙卯	丙辰	丁巳	戊午	己未	庚申	辛酉	壬戌	癸亥

좀 더 정확하게 말하면, 우리나라는 동경 135°를 기준으로 표준시를 사용하고 있는데, 우리나라 국토의 중앙 경선은 127°30′이기 때문에 지금 쓰고 있는 시간보다 30분이 늦어야 정상입니다. A는 12시에 태어난 것이 아니라 12시 30분에 태어난 것이 맞다는 것이죠. 이것도 일제의 잔재라고 할 수 있는데, 시간대를 조정하면 여러 가지 번거로운 문제점들이 많기 때문에 그냥 쓰고 있지만, 언젠가는 꼭 고쳐야 합니다. 아무튼 사주를 정확하게 정하기 위해서는 이런 문제도 고려해야 하겠습니다.

이렇게 사주를 뽑는 방법을 알아보았습니다. 년에서 60갑자가 돌아가고, 월, 일, 시에서도 돌아갑니다. 따라서 적어도 518,400개(년 60개× 월 12달×일 60개×시 12개)의 사주가 나옵니다. 여기다 대운은 남, 여의 흐름이 다르고, 야자시, 정자시의 문제, 남반구, 북반구의 문제까지 더하면 수백만 가지의 사주가 생깁니다. 하루에 5명씩 사주를 보면 1년에 1,825명, 최소 경우의 수(數)인 518,400가지 사주만 보려고 해도 284년이 걸립니다. 평생 사주만 본다 해도, 모든 사주를 다 보기는 불가능한 일이죠.

 사주는 그 사람이 태어난 년월일시(年月日時)를 말하지만, 그 속에 담긴 의미는 이루 말로 다 할 수 없습니다. 정확한 사주를 알아야, 보다 정확한 운명과 미래를 예측할 수 있습니다. 사주는 경우의 수가 많아 많은 공부가 필요하지만, 대충 수박 겉 핥기 식으로 공부를 하고 철학관을 차린 사람들이 많으니, 욕을 먹는 것입니다. 수십 년씩 공부하고도 계속 공부하시는 분들도 많은데, 겨우 몇 달 기초만 배우고 남의 사주에 대해 왈가왈부하는 것은 우주의 원리가 담긴 5천 년 역사의 학문을 모독하는 일입니다.

대운(大運)이란 무엇인가

    4년 전에 고등학교, 대학교 친구가 서초동에서 변호사로 일하다가, 국회의원 선거에 출마하겠다고 고향으로 내려갔습니다. 지방으로 강의 가는 길에, 화분 하나 사 들고 그 친구 사무실에 들러 생년월일을 물어보고, 올해는 운세가 좋지 않으니 일단 얼굴만 알리는 정도로 하는 것이 좋고, 당선은 기대하지 말라고 했습니다. 4년 후가 좋으니 그때 다시 출마하면 될 거라고 했는데, 4년 후 결국 국회의원이 됐습니다. 무엇을 보고 그렇게 말했을까요? 사주도 사주지만 운의 흐름을 본 것입니다. 타고난 사주도 중요하지만, 운(運)의 흐름은 더욱 중요합니다.

    내가 태어난 년월일시가 나의 '사주(四柱)'라면, 내가 가는 길은 '대운(大運)'이라고 합니다. 대운은 출생한 달을 기준으로 계절의 변화를 말합니다. 봄이 오면 나무마다 꽃이 피고, 여름이면 뜨거운 태양 아래 만물이 성큼 자라나서, 가을이면 결실을 맺고, 겨울이면 낙엽을 다 떨어내고 다시 봄을 맞을 준비를 하듯이, 인생에도 계절이 있으니 그것을 대운이라고 합니다. 출생하고 성장하여 청년기, 장년기, 노년기를 거쳐 인생을 마무리하게 되는 과정, 즉 인생의 라이프사이클(Life cycle)이 대운인 것이죠.

사주는 나의 운명이 어떤지를 알려 줍니다. 사주를 통해, 나는 어떤 그릇의 사람이고, 성격은 어떻고, 똑똑한지 어떤지, 사회적 관계는 어떤지, 부모, 형제는 어떻고, 배우자는 어떻고, 자식은 어떤지, 건강은 좋은지, 돈은 많이 벌 수 있는지 등을 알 수 있습니다. 반면, 대운을 보면, 사주에 예정된 운명이 언제, 어느 시점에 찾아오는지 알 수 있습니다. 초년 시절에 운이 좋게 흘러 공부에 집중할 수 있을 것인지, 청년기에는 좋은 배우자와 직장을 만날 수 있을 것인지, 장년기에는 직업운이 괜찮은지, 노년에는 건강하게 잘 살다가 언제쯤 죽을 것인지 등을 알 수 있는 것이죠.

사주가 자동차라면, 대운은 그 자동차가 가는 길입니다. 사주가 좋은 사람은 크고 튼튼한 자동차와 같고, 사주가 나쁜 사람은 작고 고장도 잦은 자동차와 같습니다. 대운은 그 자동차가 달리는 길인데, 예를 들어, 서울에서 부산까지 자동차를 몰고 달린다고 생각해 봅시다. 대운이 잘 흘러 주는 사람은 고속도로를 달리는 것과 같아서, 인생이 매우 순탄하게 잘 흘러가게 됩니다. 아무리 고속도로라고 해도 중간에 막히고 정체된 구간, 사고 난 구간이 없을 수 없지만, 그래도 가장 안전하고 신속하게 자동차를 운전할 수 있습니다.

대운이 덜 좋게 흐르는 사람은 국도를 탄 것과 같습니다. 고속도로가 왕복 3~4차선 도로라면 국도는 왕복 1~2차선 도로고, 노면도 고속도로만 못하며 길도 훨씬 멉니다. 고속도로가 목적지까지 한 방에 갈 수 있는 디지털 도로라면, 국도부터는 여기저기 거쳐서 가는 아날로그 도로라고 할 수 있습니다. 그래도 명절 때 차가 많이 막힐 때는 고속도로보다 빠를 때도 있어, 국도만 돼도 비교적 좋은 도로라고 할 수 있습니다.

　대운의 흐름이 더 좋지 않은 사람은 시골길을 달리는 것과 같습니다. 자동차가 아무리 좋아도 시골길은 좁고 위험합니다. 시골길로만 달린다면, 가도 가도 끝이 없고, 면 단위나, 군 단위 경계를 벗어나는 데도 오랜 시간이 걸립니다. 그야말로 아날로그 인생이 되는 것이죠. 대운이 아주 나쁘게 흐르는 사람은 산길로 가는 것과 같습니다. 서울에서 부산까지 산길로만 간다고 생각해 보십시오. 너무도 험한 행로가 될 것은 굳이 말하지 않아도 될 것입니다. 산길에도 의외로 쉴 곳, 안전하고 따뜻한 곳도 있지만, 전반적으로 좋다고 할 수 없고, 절벽이나 낭떠러지를 만나 부산에 도착도 하기 전에 여정이 일찍 끝날 수도 있습니다.

운의 흐름에 따른 인생 유형

구분	초년기 (0~20세)	청년기 (20~40세)	장년기 (40~60세)	노년기 (60~80세)
여름	조기출세형			대기만성형
봄·가을				자수성가형
겨울				일반형

내 사주가 별로라도 대운이 좋으면 편안한 인생, 사주가 아무리 좋아도 대운이 나쁘면 고난과 불행이 많은 인생이 됩니다. 주변에 보면, 똑똑하고, 좋은 대학, 좋은 직장을 다녔는데도 항상 뭔가 잘 풀리지 않는 사람이 있는 반면, 공부도 잘하지 못했고, 좋은 대학을 나온 것도 아니고, 직업도 별로인 것처럼 보였는데, 어느 날 보면 크게 성공한 사람도 있습니다. '사주(四柱) 불여대운(不如大運)'이라고 합니다. 사주가 아무리 좋아도 대운이 잘 흘러 주는 것만 못하다는 소리입니다. 그래서 '사주 좋다고 자랑하지 말고, 대운 좋은 것을 자랑하라'는 옛사람들 말씀도 있습니다.

그럼, 대운은 어떻게 알 수 있을까요? 대운은 월주(月柱)를 기준으로 적어 나가면 됩니다. 대운을 뽑으려면 먼저, 출생연도(太歲)가 양(+)인지, 음(-)인지 알아야 합니다. 예를 들어 태어난 해의 천간이 갑(甲), 병(丙), 무(戊), 경(庚), 임(壬)이면 양이고, 을(乙), 정(丁), 기(己), 신(辛), 계(癸)면 음입니다. 두 번째로 남자인지, 여자인지 알아야 합니다. 남자는 양이고, 여자는 음입니다. 세 번째로 순행(順行)과 역행(逆行)을 구분해야 합니다. 갑자(甲子), 을축(乙丑), 병인(丙寅)… 처럼 흐르는 것이 순행이고, 병인(丙寅), 을축(乙丑), 갑자(甲子)… 처럼 역으로 흐르는 것은 역행인데, 출생연도가 양년(陽年)이면, 남자(陽男)는 순행하고, 여자는 역행하며, 출생연도가 음년(陰年)이면 남자는 역행하고, 여자는 순행합니다.

앞서 설명한 2020년 8월 2일 12시에 태어난 A라는 아이의 사주는 년주가 경자(庚子), 월주는 계미(癸未), 일주는 정축(丁丑), 그리고 시주는 병오(丙午)였습니다. 이 아이는 경자년의 경(庚)이 양이고, 이 아이가 남자라면 양이니까, 이 아이의 대운은 월주인 계미(癸未)로부터 순행하여 갑신(甲申), 을유(乙酉), 병술(丙戌), 정해(丁亥), 무자(戊子), 기축(己丑), 경인(庚寅), 신묘(辛卯), 임진(壬辰)이 됩니다. 만약 이 아이가 여자라면, 대운은 월주 계미(癸未)로부터 역행하여 임오(壬午), 신사(辛巳), 경진(庚辰), 기묘(己卯), 무인(戊寅), 정축(丁丑), 병자(丙子), 을해(乙亥), 갑술(甲戌)이 됩니다. 같은 날, 같은 시각에 태어났으니 사주는 같아도, 이 아이가 남자인지 여자인지에 따라 대운의 흐름이 다른 것이죠.

네 번째는 대운수를 뽑는 것인데, 대운수는 운이 바뀌는 시점이 언제인지를 말합니다. 대운수를 계산하는 방법은 조금 복잡합니다. 양남(陽男) 음녀(陰女)의 순행대운은 생일부터 다음 절기까지, 음남(陰男) 양녀(陽女)의 역행대운은 생일에서 거꾸로 과거의 절기까지, 날짜 수와 시간을 센 후, 그것을 3으로 나눈 몫을 대운수로 삼는데, 나머지가 0이나 1이면 버리고, 2이면 몫에 1을 더해 대운수로 정합니다. 대운은 10년 단위로 바뀌는데, 2020년 8월 2일(음력 6월 13일) 12시에 태어난 A라는 남자아이의 경우, 다음 절기인 입추(立秋, 8월 7일)까지 5일이고, 5÷3은 몫이 1이고, 나머지가 2이니 1을 더해 2가 됩니다. 이 아이의 대운은 2세, 12세, 22세, 32세, 42세, 52세, 62세, 72세, 82세… 에서 바뀌게 됩니다.

이런 식으로 정하면 너무 복잡하니, 이 방식에 따라 미리 계산해 둔 숫자를 만세력에서 찾으면 쉽습니다. 만세력을 보면 일진(日辰) 밑에 숫자가 적혀 있는데, 위에 있는 숫자는 남자의 대운수고, 아래 있는 숫자는 여자의 대운수입니다. 그리고 사주는 년월일시를 오른쪽에서 왼쪽으로

써 나가야 하는데, 남자의 사주는 건명(乾命), 여자의 사주는 곤명(坤命)이라고 합니다. 여기서 건(乾)은 하늘을 뜻하고, 곤(坤)은 땅을 뜻하니, 각각 남자와 여자를 상징합니다. 이렇게 해서 A라는 남자아이의 사주와 대운, 그리고 대운수를 다 적으면 다음과 같이 됩니다.

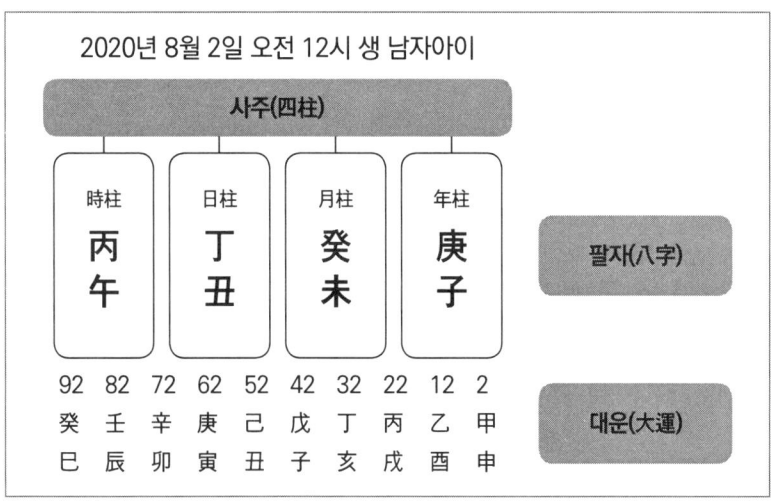

이제 사주를 풀이할 수 있는 기초 작업이 끝났습니다. 나머지는 해석하는 일입니다. 사주는 틀림이 없습니다. 그런데 풀이하는 사람마다 결과가 다른 것은 사주를 풀이하는 사람의 공부의 깊이가 다르기 때문입니다. 철학관을 운영한다는 사람이 만세력도 볼 줄 몰라 사주도 뽑지 못하고, 대운을 적어 보라고 하면 적지도 못하고, 그저 요즘 많이 돌아다니는 사주 어플에 의존하여 간신히 사주와 대운을 적고, 엉터리로 해석을 해서는 안 될 일입니다. 명리학 공부는 평생을 해도 부족할 것 같습니다. 기초를 튼튼히 하는 일을 소홀히 해서는 안 되겠습니다.

2부
바코드 풀이를 위한 기본 원리

사주풀이의 기초

 우리 조상들은 결혼식을 올리기 전에 신랑의 사주팔자를 종이에 적어 신붓집으로 보냈는데 이를 '사주단자(四柱單子)'라고 합니다. 옛날에는 결혼 전에 연애를 하는 일이 어려웠기 때문에, 대부분 중매를 통해 결혼을 했습니다. 남자 집안에서는 중매쟁이를 통해 여자의 사주를 미리 받아 궁합을 보고, 궁합이 괜찮으면 여자 집안에서 좋은 날을 택해 혼인 날짜를 잡으라는 의미로 신랑의 사주를 보낸 것이죠.

 사주팔자는 년주(年柱), 월주(月柱), 일주(日柱), 시주(時柱)라는 4개의 기둥, 8개의 글자로 되어 있습니다. 년주(年柱)는 하늘의 기운인 년간(年干)과 땅의 기운인 년지(年支)로 되어 있습니다. 년주(年柱)가 경자(庚子)라면 경(庚)은 년간(年干), 자(子)는 년지(年支)가 됩니다. 다른 기둥도 마찬가지로, 월주(月柱)는 월간(月干)과 월지(月支), 일주(日柱)는 일간(日干)과 일지(日支), 시주(時柱)는 시간(時干)과 시지(時支)로 되어 있습니다.

 이 사주팔자를 해석하기 위해서는 기준이 필요합니다. 사주팔자 8글자 중에서 기준이 되는 것은 일간(日干)입니다. 2020년 8월 2일 12시에 태어난 A라는 아이의 사주팔자 중 기준이 되는 것은 일주(日柱)인 정축(丁丑)에서 일간인 정(丁)입니다. 다시 말해 사주팔자에서 가장 중심이 되는 것은 '나'이고 일간(日干)이 곧 '나'입니다.

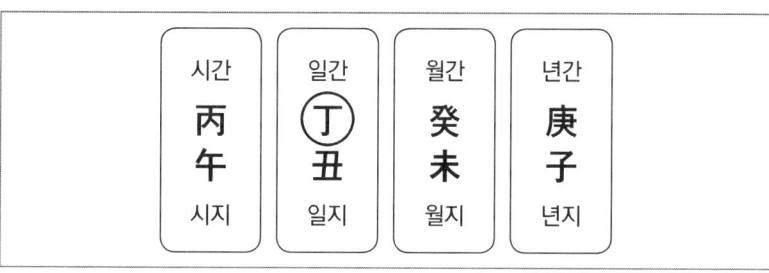

명리학에서는 일간인 나를 중심으로, 오행(五行)의 상생(相生)과 상극(相剋)의 원리를 통해 그 사람의 성격이나 가족관계, 대인관계, 사회적인 위치, 건강과 질병, 직업, 행(幸)과 불행(不幸) 등 다양한 것들을 추리합니다. 오행(五行)은 음과 양이 만나 빚어낸 우주 만물의 변화 원칙인데, 우주는 목(木), 화(火), 토(土), 금(金), 수(水), 다섯 걸음으로 끊임없이 변한다고 했습니다. 그렇다면 5행의 상생(相生)과 상극(相生)이란 무엇일까요?

5행을 다시 살펴보면, 양의 발산력이 음의 응집력을 뚫고 나오는 것을 '목(木)'이라 하고, 양의 발산력이 사방으로 팽창하는 것을 '화(火)'라 하며, 음의 응집력이 양의 에너지를 모아들이면서 다시 수축하기 시작하는 것을 '금(金)', 음의 응집력으로 양의 에너지가 고밀도로 수축되는 것을 '수(水)', 그리고 목(木), 화(火), 금(金), 수(水)의 사이에서 변화를 중계하는 것을 '토(土)'라고 했습니다.

오행(五行)은 하나하나가 상징인데, 5행을 계절과 관련지어 살펴볼까요? 봄이 지나면 여름이 오고, 여름이 가면 가을이 오고, 가을이 끝나면 겨울이 오고, 겨울 끝에 다시 봄이 오듯이 계절은 끊임없이 순환하고 있고, 계절과 계절 사이에는 간절기 또는 환절기가 있습니다. 이를 오행(五行)으로 풀이하면, 봄은 목(木)이고, 여름은 화(火), 가을은 금(金), 겨울은 수(水)이며 간절기는 토(土)가 됩니다.

봄(木)은 여름(火)을 낳고(木生火), 간절기(土)를 거쳐(火生土), 가을(金)을 낳고(土生金), 다시 가을(金)은 겨울(水)를 낳으니(金生水) 이를 '상생(相生)'이라고 합니다. 여기서 수생목(水生木)이라 함은, 물이 있어야 나무가 생기거나 성장한다는 뜻도 있지만, 겨울이 가고 봄이 온다는 자연의 순리를 말하는 것이고, 나머지도 마찬가지입니다. 상생(相生)은 자연의 질서를 따라 물 흐르듯이 순리대로 진행되는 것을 말하니, 만물이 발전하고 평화롭고 안정된 상태를 뜻합니다.

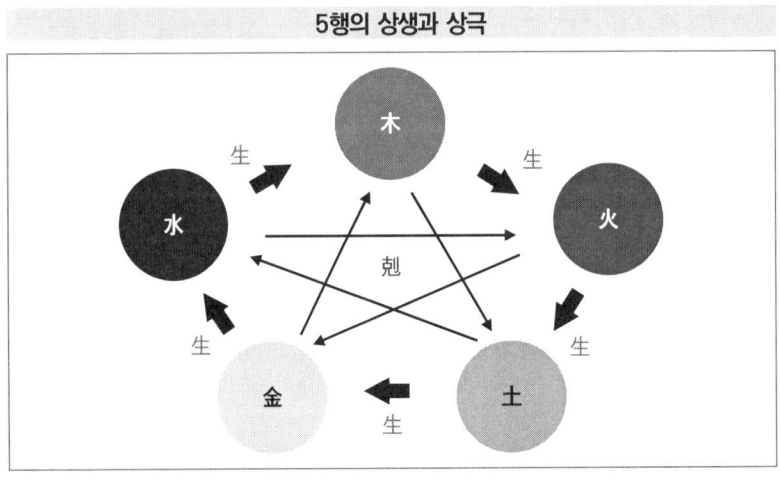

이와 반대로 상극(相剋)은 '저 두 사람은 상극이라 만나기만 하면 싸운다'처럼 서로 마음이 맞지 않아 충돌하는 것을 말합니다. 자연의 순리에 역행하여 반목하고 대립하는 상태인 것이죠. 나무(木)는 흙(土)이 원하든 말든 흙에 뿌리를 박고 흙을 흩어지게 하고(木剋土), 흙(土)은 소양강 댐처럼 물(水)을 막고(土剋水), 물(水)은 불(火)를 끄고(水剋火), 불(火)은 금(金)을 녹이며(火剋金), 금(金)은 나무(木)를 자르는데(金剋木), 이런 관계를 '상극(相剋)'이라고 합니다.

이런 상생(相生)과 상극(相剋)의 관계를, 일간(日干)인 나를 중심으로 한 인간관계에 대입한 것을 육신(六神), 또는 육친(六親)이라고 하는데, 총 10가지가 있어 10성(十星) 또는 10신(十神)이라고도 합니다. 원래 육친(六親)은 부모, 형제, 배우자, 자식(父, 母, 兄, 弟, 妻, 子) 6가지를 말하는데, 사주팔자를 풀이할 때는 일간(日干)을 중심으로 살펴본 나머지 글자(干支)들과의 관계를 말합니다. 하나하나 살펴볼까요?

먼저, 일간(日干)이 갑(甲)목인데 사주에 또 다른 갑(甲)목이 있는 것처럼, 일간과 오행이 같고, 음양도 같은 것을 비견(比肩)이라고 합니다. 그리고 일간(日干)이 갑(甲)목인데 사주에 을(乙)목이 있는 것처럼, 일간과 같은 오행인데 음양이 다른 것은 겁재(劫財)라고 하며, 이 둘을 합쳐 비겁(比劫)이라고 합니다. 비겁은 나와 비슷한 위치의 사람들을 말하니, 형제나 자매, 동료, 경쟁자를 뜻합니다.

두 번째로, 일간(日干)이 갑(甲)목인데 사주에 병(丙)화가 있는 것처럼, 일간과 음양이 같고, 일간이 생(生)해 주는 것을 식신(食神)이라고 합니다. 그리고 일간(日干)이 갑(甲)목인데 사주에 정(丁)화가 있는 것처럼, 일간이 생(生)하는 오행인데 음양이 다른 것은 상관(傷官)이라고 하며 이 둘을 합쳐 식상(食傷)이라고 합니다. 식상(食傷)은 내가 내놓는 것이니, 여자에게는 자식, 남자에게는 조모나 장모를 뜻합니다.

세 번째로, 일간(日干)이 갑(甲)목인데 사주에 무(戊)토가 있는 것처럼, 일간과 음양이 같고, 일간이 극(剋)하는 것을 편재(偏財)라고 합니다. 그리고 일간(日干)이 갑(甲)목인데 사주에 기(己)토가 있는 것처럼, 일간이 극(剋)하는 오행인데 음양이 다른 것은 정재(正財)라고 하며 이 둘을 합쳐 재(財) 또는 재성(財星)이라고 합니다. 재(財)는 남녀 모두에게 재물이며, 남자에게는 아버지와 배우자, 여자에게는 아버지와 시어머니를 뜻합니다.

네 번째로, 일간(日干)이 갑(甲)목인데 사주에 경(庚)금이 있는 것처럼, 일간과 음양이 같은데, 일간을 극(剋)하는 것을 편관(偏官)이라고 합니다. 그리고 일간(日干)이 갑(甲)목인데 사주에 신(辛)금이 있는 것처럼, 일간을 극(剋)하는 오행인데 음양이 다른 것은 정관(正官)이라고 하며 이 둘을 합쳐 관(官) 또는 관성(官星)이라고 합니다. 관(官)은 나를 극(剋)하는 것이니, 남자에게는 직장이나 자식, 여자에게는 남편이나 외간 남자나 남편의 형제를 뜻합니다.

다섯 번째로, 일간(日干)이 갑(甲)목인데 사주에 임(壬)수가 있는 것처럼, 일간과 음양이 같고, 일간을 생(生)해 주는 것을 편인(偏印)이라고 합니다. 그리고 일간(日干)이 갑(甲)목인데 사주에 계(癸)수가 있는 것처럼, 일간을 생(生)해 주는 오행인데 음양이 다른 것은 정인(正印)이라고 하며 이 둘을 합쳐 인성(印星)이라고 합니다. 인성(印星)은 나를 낳아 주는 것이니, 남녀 모두에게 모친이나 계모를 뜻합니다.

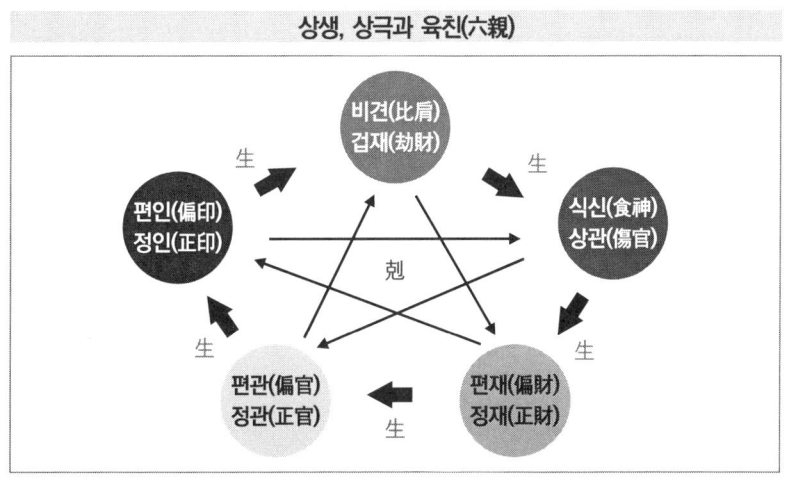

여기서는 일간이 갑(甲)목이라고 상정하고 나머지 글자들과의 관계를 살펴보았지만, 일간이 을(乙), 병(丙), 정(丁), 계(癸)… 처럼 다르더라도 풀이하는 방식은 같습니다. 일간과 같은 오행이면 비겁(比劫), 일간이 생(生)하는 것은 식상(食傷), 일간이 극(剋)하는 것은 재(財), 일간을 극(剋)하는 것은 관성(官星), 일간을 생(生)해 주는 것은 인성(印星)인 것이죠. 사실, 10성(十星)이 의미하는 바는 더욱 많지만 간략하게 여기까지만 적습니다.

사주풀이는 사주팔자 중 일간(日干)을 중심으로 나머지 글자들과의 관계를 풀이하는 것인데, 음양오행의 상생(相生)과 상극(相剋) 관계를 잘 이해하는 것이 핵심입니다. 그런데 왜 이런 공부를 할까요? 사람은 어떤 경우든 혼자서만 살아가기는 어렵기 때문입니다. 설령 1인 가구라 하더라도 어딘가에 가족이 있고, 직장에서, 사회에서 심지어 사이버상에서라도 사람을 만나며 살아갑니다. 따라서 내가 어떤 사람인지 알아야 장점은 살리고 단점은 보완하여 다른 사람들과 더 좋은 관계를 맺으며 성장할 수 있기 때문입니다.

지장간이란 무엇인가

사주를 풀이하기 위해 알아야 할 것들이 많지만 가장 먼저, 지장간 (支藏干)에 대해 말해 보고자 합니다. 우주의 다섯 걸음인 목(木), 화(火), 토(土), 금(金), 수(水) 오행이 음양으로 분화하여 하늘에는 갑(甲), 을(乙), 병(丙), 정(丁), 무(戊), 기(己), 경(庚), 신(辛), 임(壬), 계(計) 10개의 기운으로, 땅에는 자(子), 축(丑), 인(寅), 묘(卯), 진(辰), 사(巳), 오(午), 미(未), 신(申), 유(酉), 술(戌), 해(亥) 12개의 기운으로 맺혀 10천간(천간), 12지지 (地支)를 이루고, 이것들의 조합에 따라 60갑자(甲子)가 생겨났으며, 지금 이 순간에도 우리는 60갑자(甲子)의 순환과정 속에 살고 있다고 했습니다.

10천간이 팽창과 수축이라는 우주의 기본 원리라면, 12지지(地支)는 우리가 살아가는 지구가 태양의 주변을 공전함에 따른 계절의 변화입니다. 다시 말해 12지지(地支)는 1년 12달, 춘하추동 4계절, 한서온랭 (寒暑溫冷)의 기후변화, 목(木), 화(火), 토(土), 금(金), 수(水) 5행(行)이 성장하고 쇠퇴하는 끝없는 순환과정을 말합니다. 천간(天干)이 하늘이면 지지(地支)는 땅인데, 땅은 저 혼자 만물을 만들어 내는 것이 아닙니다.

하늘에 해당하는 아버지의 기(氣)를 받아야 땅에 해당하는 어머니의 기(氣)가 움직여 자식이 생기듯이, 이미 땅속에는 아버지 같은 하늘의 기운이 숨겨져 있는데, 이를 지장간(支藏干)이라고 합니다.

봄이 오는 인(寅)월의 인(寅) 속에는 무(戊)토, 병(丙)화, 갑(甲)목이라는 하늘의 기운이 숨어 있습니다. 겨울에서 봄으로 바로 바뀌는 것이 아니라, 봄의 초입에는 겨울의 기운이 남아 있다가, 점차 따뜻해지면서 진짜 봄이 시작되듯이, 지장간(支藏干)은 그런 계절의 미세한 변화까지도 수용한 개념이라고 할 수 있습니다. 지장간(支藏干)을 말할 때는 한 달을 30일로 보고, 여기(餘氣), 중기(中氣), 정기(正氣) 3가지로 구분합니다. 여기(餘氣)는 초기(初氣)라고도 하는데, 초등학교에 들어갔지만 아이 티가 남아 있는 것처럼 달이 바뀌었지만 남아 있는 지난달의 기운이고, 중기(中氣)는 어린이(初氣)에서 정기(正氣)인 어른으로 넘어가는 청소년기 같은 기간이며, 정기(正氣)는 본기(本氣)로 그달의 본래 기운을 말합니다.

지장간(支藏干)

구분	자(子)	축(丑)	인(寅)	묘(卯)	진(辰)	사(巳)	오(午)	미(未)	신(申)	유(酉)	술(戌)	해(亥)
여기(餘氣)	壬	癸	戊	甲	乙	戊	丙	丁	戊	庚	辛	戊
중기(中氣)	-	辛	丙	-	癸	庚	己	乙	壬	-	丁	甲
정기(正氣)	癸	己	甲	乙	戊	丙	丁	己	庚	辛	戊	壬

먼저, 여기(餘氣)를 보면, 2월인 묘(卯)월의 시작은 1월인 인(寅)월의

정기(正氣)인 갑(甲)으로 시작하고, 3월인 진(辰)월의 시작은 2월의 정기(正氣)인 을(乙)로 시작되며, 다른 달들도 마찬가지입니다. 달이 바뀌었다고 바로 그달로 넘어가는 것이 아니고, 앞 달의 기운이 남아 있는 것이니, 여기(餘氣)는 퇴직한 판검사들이 전관예우를 받는 것과 같은 모양새라고 할 수 있습니다. 퇴직은 했지만, 여전히 영향력을 미친다는 것이죠.

두 번째로, 중기(中氣)는 여기(餘氣)에서 정기(正氣)로 넘어가는 기간인데, 잘 보면 이미 다음 계절을 예고하고 있습니다. 인묘진(寅卯辰)월은 봄인데, 봄의 시작인 인(寅)의 중기(中氣)는 병(丙)화로 다음 계절이 여름이 될 것을 예고하고 있고, 사오미(巳午未)월은 여름인데, 여름의 시작인 사(巳)월의 중기(中氣)는 경(庚)금으로 다음 계절이 가을임을 말하고 있으며, 가을인 신유술(申酉戌)월의 신(申)월이나 겨울인 해자축(亥子丑)월의 해(亥)월도 마찬가지입니다. 다시 말해 봄, 여름, 가을, 겨울의 시작인 인사신해(寅巳申亥)월은 각각 다음 계절의 양(+)의 기운인 병(丙)화, 경(庚)금, 임(壬)수, 갑(甲)목을 간직하고 있어 다음 계절을 예고하고 있습니다.

그런데, 자묘유(子卯酉)월처럼 중기(中氣)가 없는 달도 있습니다. 자(子)월은 겨울의 중심, 묘(卯)월은 봄의 중심, 오(午)월은 여름의 중심, 유(酉)월은 가을의 중심인데, 오(午)월을 빼고는 중기(中氣)가 없이 여기(餘氣)와 본기(本氣)로만 이루어져 있습니다. 아마 오(午)월은 양(+)이 극(極)에 달한 하지(夏至)가 있는 달이라, 열을 식히고, 하지(夏至)를 기점으로 점점 낮이 짧아지기 시작하는 것을 예고하기 위해 음(-)토인 기(己)토를 중기(中氣)로 삼은 것 같습니다.

그리고 봄, 여름, 가을, 겨울의 마지막 달인 진미술축(辰未戌丑)월은 모두 간절기인 토(土)의 달인데, 이달들의 중기(中氣)는 계(癸)수와, 을(乙)목, 정(丁)화, 신(辛)금으로, 모두 음(-)의 기운이며, 지나간 계절의 정기(正氣)에 해당하는 기운들입니다. 다시 말해 중기(中氣)에는 다음 계절에 대한 예고뿐 아니라 지나간 계절에 대한 아쉬움도 간직하고 있다고 할 수 있는 것이죠.

마지막으로, 정기(正氣)는 그달의 본래 기운으로 가장 왕성한 기운을 말합니다. 다시 말해 봄이 시작되는 1월(寅)에는 정기(正氣)가 갑(甲)목입니다. 갑(甲)목의 기운이 가장 세다는 말이고, 봄의 절정인 2월(乙)에는 정기(正氣)인 을(乙)목의 기운이 가장 세다는 말이며, 다른 지지도 마찬가지입니다. 그런데 봄, 여름, 가을, 겨울의 마지막 달인 진미술축(辰未戌丑)월의 정기(正氣)는 무(戊)토와 기(己)토로, 전부 계절과 계절 사이인 간절기를 의미하는 토(土)가 위치하고 있습니다. 곧 계절이 바뀐다는 것을 의미하는 것이죠.

이처럼 계절은 여기서부터 저기까지는 봄이고, 저기서부터 어디까지는 여름이라고 딱 잘라 말할 수 없는 것처럼, 서로의 기운을 묻히면서 오기도 하고 가기도 하는 것입니다. 그렇다면, 한 달 30일 중 여기(餘氣), 중기(中氣), 정기(正氣)가 지배하는 기간은 각각 얼마나 될까요? 30일이니까 3등분해서 각각 10일씩 영향력을 발휘할까요?

지장간의 지배 기간

계절		봄			여름			가을			겨울		
음력		1월	2월	3월	4월	5월	6월	7월	8월	9월	10월	11월	12월
12地支		인(寅)	묘(卯)	진(辰)	사(巳)	오(午)	미(未)	신(申)	유(酉)	술(戌)	해(亥)	자(子)	축(丑)
지장간 (支藏干)	여기 (餘氣)	戊 7	甲 10	乙 9	戊 7	丙 10	丁 9	戊 7	庚 10	辛 9	戊 7	壬 10	癸 9
	중기 (中氣)	丙 7	-	癸 3	庚 7	己 9	乙 3	壬 7	-	丁 3	甲 7	-	辛 3
	정기 (正氣)	甲 16	乙 20	戊 18	丙 16	丁 11	己 18	庚 16	辛 20	戊 18	壬 16	癸 20	己 18

일반적으로, 각 계절의 시작인 인(寅), 사(巳), 신(辛), 해(亥)월의 경우, 여기(餘氣), 중기(中氣), 정기(正氣)가 지배하는 기간은 한 달 30일 중 각각 7일, 7일, 16일로 나눠 생각합니다. 예를 들어 음력으로 2월 4일에 봄의 시작인 인(寅)월이 되면, 7일 동안인 2월 10일까지는 이전 계절인 겨울의 기운인 토(土)의 기운이 여기(餘氣)로 작동하며, 2월 11일부터 7일 동안인 2월 17일까지는 중기(中氣)인 병(丙)의 기운이 작용하고, 2월 18일부터 16일 동안인 다음 달 3월 4일까지는 본기(本氣)인 갑(甲) 목의 기운이 지배한다는 것입니다.

각 계절의 중심인 자(子), 묘(卯), 오(午), 유(酉)월 가운데, 중기(中氣)가 없는 자(子), 묘(卯), 유(酉)월은 여기(餘氣)와 정기(正氣)를 각각 10일, 20일로 보고, 오(午)월은 여기(餘氣) 10일, 중기(中氣) 9일, 정기(正氣) 11일로 보며, 각 계절의 마지막 달인 진미술축(辰未戌丑)월의 경우 여기(餘氣), 중기(中氣), 정기(正氣)를 각각 9일, 3일, 18일로 보니 표를 참조하시면 되겠습니다.

지장간(支藏干)은 지지(地支) 속에 감춰져(藏) 있는 천간(天干), 하늘의 기운입니다. 단순히 사주팔자만 보아서는 풀이가 안 되고, 사람 겉모습만 보고 이러쿵저러쿵 이야기하는 것과 같습니다. 지지(地支) 속의 지장간(支藏干)은 사주 자체 또는 운에서 오는 합충(合冲)에 의해 충격을 받아 튀어 오르거나, 합절(合絕), 합거(合去)되기도 합니다. 그렇게 되면 그 사주 당사자의 삶에 변동이 생기고 좋거나 나쁜 일이 생깁니다. 사주에 관심이 있는 사람이라면 반드시 지장간(支藏干) 정도는 외워야 합니다. 지장간(支藏干)도 모르고 남의 사주를 풀이한다? 시각 장애인이 총도 안 들고 전쟁터로 나서는 것과 같습니다.

합이란 무엇인가

사주를 풀이하기 위해 알아야 할 중요한 것들이 많지만, 그중 한 가지가 합(合)과 충(沖)입니다. 10천간과 12지지는 서로 합(合)을 하기도 하고 충(沖)을 하기도 합니다. 합은 만남이고 결합이며, 충은 이별이고 분리입니다. 합이 있는 곳에 출산과 탄생이 있고, 충이 있는 곳에 죽음과 소멸이 있습니다. 합은 연애와 결혼이고, 충은 다툼과 이혼이라고 할까요?

합에는 천간끼리 합하는 천간합(天干合)과 지지끼리 합하는 지지합(地支合)이 있습니다. 천간은 반드시 음양이 만나야 합을 하는데, 천간합에는 갑기합(甲己合), 을경합(乙庚合), 병신합(丙辛合), 정임합(丁壬合), 무계합(戊癸合) 5가지가 있습니다. 갑(甲)부터 계(癸)까지 10천간을 쭉 써 놓고 보면, 자신으로부터 5번째 천간과 합을 하는 것을 알 수 있습니다. 하늘의 숫자인 1부터 5까지의 각 숫자에 5를 더하면, 지상의 숫자인 6부터 10이 되는데, 천간합은 자신으로부터 5번째 천간과 합을 하는 것이니, 5라는 숫자는 우주의 숫자라는 생각이 듭니다. 5행(行)이 그렇고, 우리 신체를 보면, 손가락, 발가락도 다섯 개며, 눈, 코, 혀, 피부, 귀라는

5개의 감각기관(官)을 가지고, 시각, 후각, 미각, 촉각, 청각까지 5각(覺)을 느끼며 오복(五福)을 누리며 살고자 노력하는 것을 보십시오.

그럼 천간합을 살펴볼까요? 먼저, 갑(甲)목과 기(己)토가 합하면 토(土)가 됩니다. 나무의 뿌리가 흙 속에 박혀 드러나지 않고 흙만 보이니 토(土)로 본다고 할까요? 합이 되었다고 해서 갑(甲)목 자체가 없어지는 것이 아니라, 토(土)의 기능이 강화된 것으로 판단하면 됩니다. 갑기합은 '중정지합(中正之合)'이라고 합니다. 토는 중앙이고 치우침이 없는 것이니, 갑기합이 있으면, 다 그런 것은 아니지만, 마음이 너그러워 남과 다투지 않고 분수를 지키니 다른 사람들의 존경을 받게 됩니다.

두 번째로 을(乙)목과 경(庚)금이 합(合)하면 금(金)이 됩니다. 이는 큰 바위에 붙은 작은 초목은 잘 보이지 않고 바위만 보이는 형상입니다. 을목은 인(仁)을 관장하고, 경금은 강한 쇠로 의리와 고집을 뜻하니 을경합(乙庚合)은 상대적으로 의리가 좋다 하여 '인의지합(仁義之合)'이라고 합니다. 사주에 을경합이 있으면 성격이 곧고 과단성이 있고 의리가 강하지만, 자기주장이 강한 면도 있습니다.

세 번째로 병(丙)화와 신(辛)금이 만나면 물(水)이 됩니다. 병화는 태양열이고 신금은 곡식이고 씨앗이라고 보면, 태양열에 곡식이 녹아 물로 변한다고 할까요? 병신합(丙辛合)은 뜨거운 태양열로 곡식을 녹여 물을 뽑아내는 형상이니 엄격함을 상징하고, '위엄지합(威嚴之合)'이라고 합니다. 사주에 병신합이 있으면 위협적이고 강제적이고 잔인한 면이 있지만, 물은 지혜를 상징하니 지혜로운 면도 있다고 볼 수도 있습니다.

네 번째로 정(丁)화와 임(壬)수가 만나면 목(木)이 됩니다. 큰 강물에 은은한 불빛이 내리쬐면 이끼가 생기고, 새로운 생명이 탄생하는 것으로 볼 수 있습니다. 새로운 생명의 탄생은 만물의 근원인 물(-)과 불(+)이 만나야 이루어지는 것을 상징한다고 할까요? 정임합(丁壬合)은 어진 목의 성질을 가지고 있으니 '인수지합(仁壽之合)'이라고 합니다. 사주에 정임합이 있으면 요염하고 감정적이고 거짓이 있지만, 학문적인 의미도 있습니다.

다섯 번째로 무(戊)토가 계(癸)수를 만나면 불(火)이 됩니다. 음식을 볶고 난 프라이팬을 닦으려고 물을 뿌리면 불꽃 같은 물방울이 튀듯이 사막과 같은 뜨거운 대지 위에 물을 뿌리면 불꽃이 튑니다. 무계합(戊癸合)은 서로 정(情)이 없고, 숨긴다 하여 '무정지합(無情之合)'이라고 합니다. 진심 어린 교감이 없고, 단지 처세의 수단으로 하는 합이라고 할까요?

하늘의 기운끼리 하는 천간합(天干合)이 있으면, 땅의 기운끼리 하는 지지합(地支合)도 있습니다. 지지는 자(子)부터 해(亥)까지 12개이니, 둘씩 합하면 자축합(子丑合), 인해합(寅亥合), 묘술합(卯戌合), 진유합(辰酉合), 사신합(巳申合), 오미합(午未合), 모두 6개의 합이 있다는 것을 알 수 있습니다. 지지합도 천간합처럼 서로 음양이 다른 것들이 만날 때 이루어집니다.

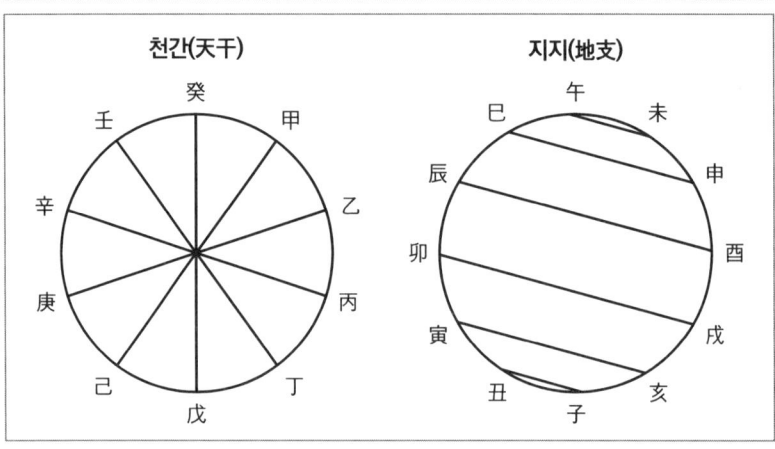

먼저, 자(子)수와 축(丑)토가 합하면 토(土)가 됩니다. 흙에다 물을 부으면 걸쭉한 토(土)가 되는 형상입니다. 두 번째로 인(寅)목과 해(亥)수가 만나면, 거목에 빗물이 쏟아지면 나무가 더 잘 자라듯이 목(木)의 기능이 커지는 것입니다. 세 번째로 묘(卯)목과 술(戌)토가 만나면 불(火)이 됩니다. 아궁이에다 나무로 불을 때는 형상입니다. 네 번째로 진(辰)토와 유(酉)금이 만나면 금(金)이 됩니다. 흙에 씨앗을 묻으면 굳어지고, 땅속에 퇴적물이 쌓여 다이아몬드가 만들어지는 형상이라고 할까요? 다섯 번째로, 사(巳)화와 신(申)금이 만나면 물(水)이 됩니다. 태양열이 가장 강한 사월에 신금이 녹아 액체로 변한 형상이라고 보면 좋겠습니다. 마지막으로 오(午)화가 미(未)토를 만나면 불(火)이 됩니다. 가마에 불을 때는 것처럼 오뉴월 뜨거운 열기가 합해 더욱 뜨거운 열기가 강해지는 형상입니다.

천간합(天干合)과 지지합(地支合) 외에 3합(三合)과 방합(方合)도 있습니다. 3합은 지지 3개가 합을 이루는 경우를 말하며, 방합은 같은 방위에 있는 지지들의 합을 말합니다.

3합에는 인오술(寅午戌)합은 화(火), 신자진(申子辰)합은 수(水), 사유축(巳酉丑)합은 금(金), 해묘미(亥卯未)합은 목(木)이라고 하는 4개의 합이 있습니다. 잘 살펴보면, 각 합은 분주하고 이동이 잦은 역마(驛馬)인 인(寅), 신(申), 사(巳), 해(亥)로 시작해서, 타고난 끼를 잔뜩 부리는 도화(桃花)인 오(午), 자(子), 유(酉), 묘(卯)에서 가장 세력이 세고, 고독한 화개(華蓋)인 술(戌), 진(辰), 축(丑), 미(未)에서 끝난다는 것을 알 수 있습니다.

12지지(地支)는 열두 달을 의미하는데, 신자진(申子辰) 삼합은 물(水)의 세력이 어디서부터 어디까지인지를 알려 줍니다. 물의 역할은 새싹을 틔우고 자라게 하는 것이니, 가을인 신(申)월부터 차기 시작하여, 한겨울인 자(子)월에 가장 세력이 강하고, 봄이 끝나가는 진(辰)월이면 소임을 다한다고 보는 것이죠. 마찬가지로 인오술(寅午戌) 삼합은 불(火)의 세력이, 사유축(巳酉丑) 삼합은 금(金)의 세력이, 해묘미(亥卯未) 삼합은 목(木)의 세력이 어디서 어디까지인지를 알려 줍니다. 3합(三合)은 1년 열두 달의 흐름과 5행(行)의 순환을 알려 주는 것이죠.

3합(三合)은 세 글자가 모여 이루어지는데, 세 글자가 아닌 두 글자만 합을 이루는 경우는 반삼합(半三合)도 있습니다. 예를 들어 신자진(申子辰)이 아니라 신자(申子)나 자진(子辰)처럼, 또 인오술(寅午戌)이 아니라 인오(寅午)나 오술(午戌)처럼 두 글자만 합을 이루는 경우인데, 이때는 3합에 비해 세력이 약하다고 할 수 있습니다.

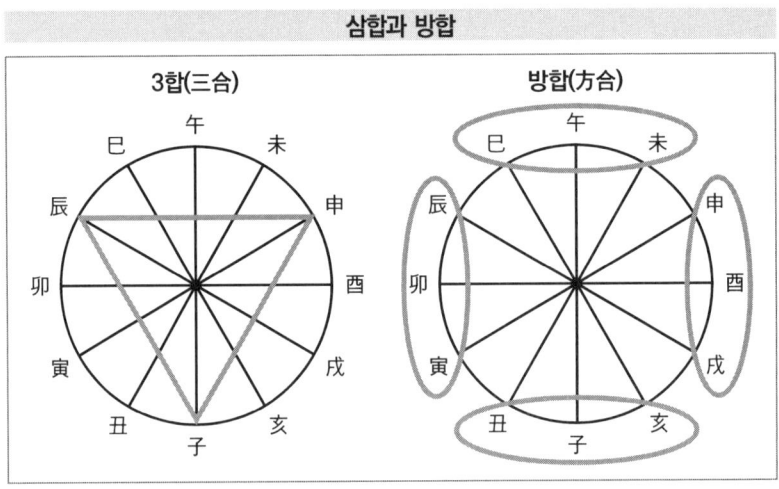

삼합과 방합

방합(方合)은 방위에 따른 합(合)을 말하는데, 합이라기보다는 '세력권'이라고 보는 것이 좋겠습니다. 방합에는, 인묘진(寅卯辰)은 목(木), 사오미(巳午未)는 화(火), 신유술(申酉戌)은 금(金), 해자축(亥子丑)은 수(水)라고 하는 4가지가 있습니다. 인묘진은 계절적으로 봄이고 목(木)이 가장 강하며, 사오미는 여름이고 불(火)이 가장 강하며, 신유술은 가을이고 금(金)이 가장 강하며, 해자축은 겨울이고 물(水)이 가장 강한 때입니다. 따라서 사주에 방합이 있으면 그 오행의 기세가 매우 강하다고 보면 됩니다.

이처럼 여러 가지 합에 대해 알아보았는데, 합이 있다고 반드시 좋은 것만은 아닙니다. 어떤 경우는 합해서 죽거나(合死), 묘지로 들어가거나(入墓) 끊어지기도(合絶) 하니 없는 것만 못한 경우도 있습니다.

아래 그림에서 A의 경우, 갑(甲)목은 지지가 자신과 같은 인(寅)이라 뿌리가 튼튼한 반면, 기(己)토는 지지에 있는 묘(卯)목의 극(剋)을 받아 약해 갑기합(甲己合)을 하면 기(己)토에 해당하는 육친(六親)이 단명하거나 무기력해집니다. B의 경우에는 기(己)토는, 위아래가 같은 토(土)라 힘이 강하고, 갑(甲)은 지지의 불(午)을 살리느라 힘이 다 빠져, 갑기합(甲己合)을 하면, 갑목에 해당하는 육친(六親)과 사이가 나빠지고, 사주에서 갑이 직업에 해당하는 글자라면 직업운이 나쁘고 제대로 된 직업이 없게 됩니다.

합은 남자와 여자가 만나야 가정이 생기고 아기가 생기는 것처럼, 집을 사거나 팔기 위해서는 파는 사람과 사는 사람이 만나야 거래가 이루어지는 것처럼, 무언가를 이루기 위한 전제조건이 되는 것입니다. 합은 곧 끌림이고 만남인데, 만남에는 좋은 만남도 있지만, 그렇지 못한 경우도 있습니다. 기존의 명리서는 자축합(子丑合) 하면 토(土), 인해합(寅亥合) 하면 목(木) 정도로, 합에 대한 설명이 매우 부족한 편인데, 사주(四柱)를 통해 그 사람의 생활 모습을 잘 살펴볼 수 있기 위해서는 합의 작용과 역할을 잘 이해해야 하겠습니다.

충이란 무엇인가

　사람들은 만나서 잘 지내기도 하지만, 불화(不和)하고 충돌을 일으키기도 합니다. 만남이 있으면 다툼도 있고 헤어짐도 있습니다. "이승 아니면 저승에서라도 인연은 갈밭을 건너는 바람"이라고 한 박목월 시인의 말씀처럼, 생사의 갈림길에서도 놓고 싶지 않은 만남이 있지만, 헤어져야 맞는데 헤어지지 못하고 불화 속에서 살아가는 사람들도 있습니다. 합(合)이 만남이고 끌림이며, 움직임이고 시작이며 변화라면 충(沖)은 거리를 두는 것, 찌르는 것, 부딪치는 것이라고 할까요?

　합(合)에 천간합(天干合)과 지지합(地支合)이 있듯이 충(沖)에도 천간충(天干沖)이 있고, 지지충(地支沖)이 있습니다. 천간충은 천간에 있는 5행끼리 충돌하는 것이고, 지지충은 지지에 있는 5행끼리 충돌하는 것이죠. 하늘과 땅에도 충돌이 있으니, 그 사이에 사는 사람들끼리 충돌이 생기는 것은 너무도 당연한 일이며, 살아가면서 혹시 어려운 일이 생기더라도 너무 슬퍼할 일은 아닌 것 같습니다. 그것 또한 자연현상이니까요.

먼저, 천간충(天干沖)에는 6가지가 있는데, 갑경충(甲庚沖)은 큰 나무(甲)라 할지라도 큰 바위나 무쇠(庚)를 만나면 꺾이는 형상이고, 갑무충(甲戊沖)은 큰 나무(甲)가 넓은 토양(戊)을 헤치는 형상이며, 을신충(乙辛沖)은 작은 초목(乙)이 면도칼 같은 쇠붙이(辛)에 잘리는 형상이고, 을기충(乙己沖)은 화초나 작은 나무지만 논, 밭에 뿌리를 내리고 흙(己)의 기운을 빨아들이는 형상이며, 병임충(丙壬沖)은 바다나 강물 같은 큰물(壬)로 큰불(丙)을 끄는 형상이고, 정계충(丁癸沖)은 이슬비나 보슬비 같은 가녀린 물방울에도 촛불, 모닥불, 화롯불 같은 작은 불이 꺼지는 형상입니다.

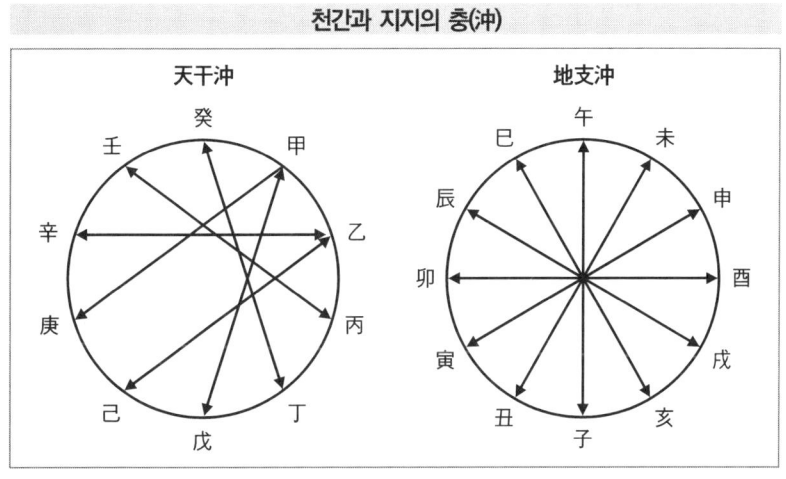

천간과 지지의 충(沖)

두 번째로, 지지충(地支沖)에도 6가지가 있는데 자오충(子午沖)과 사해충(巳亥沖)은 물과 불이 맞부딪치는 것이고, 인신충(寅申沖)과 묘유충(卯酉沖)은 나무와 칼이 부딪치는 것이며, 축미충(丑未沖)과 진술충(辰戌沖)은 지진이 난 것처럼 땅과 땅이 부딪치는 것인데, 모두 양(+)은 양(+)끼리, 음(-)은 음(-)끼리 부딪치는 것을 알 수 있습니다. 합(合)은 양(-)

과 음(-)이 만나야 이루어지는데, 양과 양, 음과 음이 만나면 충(沖)이 생긴다는 것이죠. 이것은 음양의 원리에 따르는 자연스러운 결과라고 할까요?

자오충(子午沖)은 내려가려고 하는 성질의 물과 올라가려고 하는 불의 충돌이니 사주에 자오충이 있으면, 낙상으로 인한 팔, 다리의 부상, 혈압, 갈등 이별이 생길 가능성이 높습니다.

축미충(丑未沖)은 같은 토(土)끼리의 충이니 골육 간의 갈등, 가정 내의 불화 같은 것을 의미하며, 토(土)는 위장 계통이니 소화기 계통의 질병이나 수술을 할 가능성이 높습니다.

인신충(寅申沖)은 봄의 시작인 나무(寅)와 가을의 시작인 금(申)의 충이니 소년과 소녀의 충이라 다정다감하고 바람이 나는 경우가 있고, 역마충(驛馬沖)이라 교통사고나 수술 등, 집 밖에서의 사고가 생깁니다.

묘유충(卯酉沖)은 면도칼 같은 것(酉)으로 여린 초목(卯)을 자르는 격이라 간장질환, 풍기 같은 것이 생길 우려가 있고, 목(木)의 주변 세력이 강해 오히려 금(金)이 상하게 되면, 골절이나 대장에 문제가 생길 수도 있습니다.

진술충(辰戌沖)은 늦봄(辰)과 늦가을(戌)의 충, 늙은이의 충이라 사주에 진술충이 있으면 친절한 맛이 없고, 외롭고 쓸쓸하며 남에 대한 걱정이 많습니다.

사해충(巳亥沖)은 물과 불이 싸우는 형상인데, 인신충처럼 역마충(驛馬沖)이라 교통사고나 횡액, 집 밖에서의 사고라는 의미가 있습니다.

충(沖)에는 투쟁, 불화, 논쟁, 이별, 사고, 병고, 수술, 횡액 등의 의미가 있습니다. 사주에 충(沖)이 많으면 용모가 추하고, 잘 다투고, '욱' 하는 성격이 있고, 인생에 풍파가 많습니다. 그러나 충(沖)이라고 해서 다 나쁜 것은 아닙니다. 합(合)도 마찬가지지만, 사주에서 나에게 좋은 역할을 하는 희용신(喜用神)을 치면 나쁜 일이 생기지만, 나쁜 역할을 하는 기신(忌神)을 치면 일시적으로 좋아지기도 합니다.

'재물이 들어 있는 재고(財庫)는 충(沖)을 해서 열어 줘야 돈이 된다'고 합니다. 여기서 재고(財庫)라는 것은 일간을 기준으로 재물에 해당되는 글자가 들어 있는 창고를 말하는데, 이를 '고장지(庫藏地)'라고 하며, 진(辰), 술(戌), 축(丑), 미(未) 4가지가 있습니다.

4가지 모두 토(土)이니 땅속에 감춰진 재물들의 창고라고 하겠습니다. 우선 진(辰)토 속에는 을(乙), 계(癸), 무(戊)의 지장간이 숨어 있으니 수(水)의 고장지이고, 술(戌)토 속에는 신(辛), 정(丁), 무(戊)의 지장간이 숨어 있으니 불(火)의 고장지이며, 축(丑) 속에는 계(癸), 신(辛), 기(己)의 지장간이 숨어 있으니 금(金)의 고장지이고, 미(未) 속에는 정(丁), 을(乙), 기(己)의 지장간이 숨어 있으니 목(木)의 고장지가 됩니다.

학자에 따라 조금 다르게 생각하는 분도 있습니다. 진(辰)은 봄과 아침을 상징하니 목(木)의 고장지고, 술(戌)은 가을과 저녁을 상징하니 금(金)의 고장지며, 축(丑)은 겨울과 밤을 상징하니 수(水)의 고장지고, 미(未)는 여름과 낮을 상징하니 화(火)의 고장지라는 것이죠.

아무튼 '재고(財庫)는 충(沖)을 해야 열린다'는 이야기는, 예를 들어, 지지에 진(辰)이 있고, 진 속의 계(癸)수가 그 사주에서 돈(財星)에 해당되는 글자라면, 술(戌)토가 와서 충(沖)을 해 줘야 재물운이 열린다는 것입니다. 그런데 진(辰)토 속에는 을(乙)목과 계(癸)수, 무(戊)토가 들어 있고, 술(戌)토 속에는 신(辛)금과 정(丁)화, 무(戊)토가 들어 있어 진술충(辰戌沖)을 하면 신(辛)금은 을(乙)목을 자르고, 계(癸)수는 정(丁)화를 끄게 되며, 무(戊)토끼리도 서로 부딪쳐 부서지게 되는데, 어떻게 다 깨진 돈, 계(癸)수를 가져다 쓸 수 있느냐고 반문하는 학자도 있습니다.

그렇다면, 사주에 합(合)이나 충(沖)이 있는데, 대운이나 세운에서 충(沖)이나 합(合)을 해 오면 어떻게 될까요? 사주에서 좋은 역할을 하는 글자가 합(合)이 되어 제 역할을 못 하는 경우에는 충(沖)이 반가울 것이고, 충(沖)이 있어 불편한데 합(合)을 해 오는 글자가 있으면, 합(合)이 먼저라 충(沖)하는 것을 잊어버려(探合忘沖) 이 또한 반가울 것입니다.

합(合)은 이유 없는 끌림이고 사랑이니 좋고, 충(沖)은 이별이고 한(恨)이니 나쁜 것이라는 이분법적인 생각은 틀린 것입니다. 세상 어디에도 무조건 좋고 무조건 나쁜 것은 없는 것이죠. 사주에 합(合)이 너무 많으면 마음이 헤프고 우유부단하고 분발심이 없게 됩니다. 충(沖)은 일반적으로 나쁜 것으로 인식되지만, 좋은 역할을 할 때도 있습니다. 따라서 사주에 충(沖)이 있다면, 그것이 상황에 따라 어떤 작용을 하는지 잘 살펴보아야 하겠습니다.

12운성이란 무엇인가

나무는 발아하여 뿌리를 내리고 싹을 틔우고 자라나서 무성한 숲을 이루어 열매를 맺고 씨앗을 남긴 후 소멸하거나 앙상한 가지로 남아 다음해를 준비합니다. 매미는 부화하여 최소 5년에서 17년을 유충으로 살다가 성충이 되어 겨우 2주 정도를 울어 젖힌 후 생을 마감합니다. 사람의 라이프사이클(Life Cycle)은 출생, 성장, 소년기, 청년기, 장년기, 노년기를 거쳐 죽음으로 이어집니다. 일단 태어난 이 세상의 모든 것들은 때가 되면 사라지고 뒤를 이어 다음 세대의 삶이 시작됩니다. 개체의 입장에서 보면 출생과 죽음이지만, 종(種) 전체로 보면 계속되는 것이고 변화하는 것일 뿐이죠.

날 생(生)은 비칠 별(丿) 자와 주인 주(主) 자가 합쳐진 것으로, 천지인(天地人) 삼재를 주재하시는 하느님(主)으로부터 만물이 생겨 나오는 것입니다. 죽을 사(死)는 '시작'을 의미하는 한 일(一)과 '끝'을 의미하는 저녁 석(夕)과 본래 손을 가지런히 모으고 서 있는 '사람'의 형상에서 비롯된 비수 비(匕)가 합쳐진 것입니다. 사람에게 있어 죽음(死)이란 아침(一)이 저녁(夕)이 되고, 저녁이 아침이 되듯이 돌고 도는 것이라는 의미가 됩니다. 그래서 '돌아가셨다'는 말은 원래 있던 자리로 돌아갔다는 것이니, 죽음(死)이라는 글자에는 '윤회'의 사상이 담겨 있습니다.

소우주인 만물의 삶을 통해 우주의 변화의 이치를 추론할 수 있는데, 생로병사(生老病死)라고 하는 인간의 삶을 천간과 지지에 대입하여 만들어진 것이 '12운성(運星)' 이론입니다. 쉽게 말하면, 남자가 여자를 만나듯이, 하늘과 양의 기운인 천간이 땅과 음의 기운인 지지를 만나 역사를 만들고 소멸하는 과정이 바로 '12운성'입니다. 예를 들면 갑(甲)목은 씨앗이 만들어지는, 한 가을인 유(酉)월에 잉태되어, 겨울인 해(亥)월에 태어나, 봄인 인(寅)월부터 크게 성장한 후, 한여름인 오(午)월이면 이미 죽어, 가을인 신(申)월이 오면 그 기운이 완전히 끊어진다고 보는 것이죠.

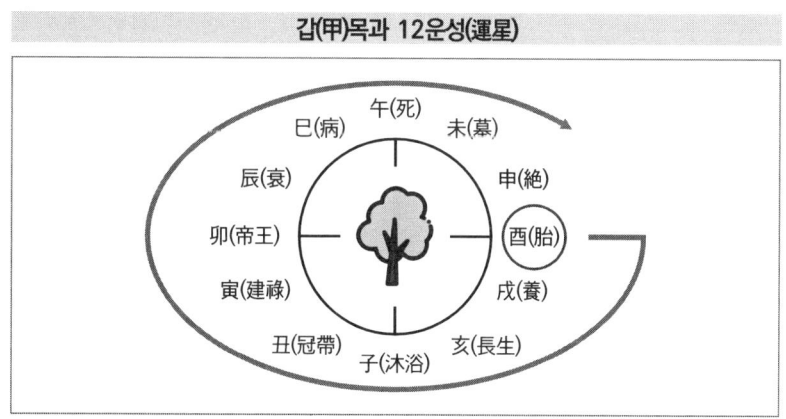

갑(甲)목과 12운성(運星)

다시 말하면, 12운성은 천간과 지지가 결합하여 음양을 이루고 살다가 그 힘이 다하면 죽게 되는 과정을 말합니다. 이를 잘 살펴보면, 인간의 라이프사이클과 봄, 여름, 가을, 겨울 사계절과 동, 서, 남, 북의 사방을 기초로, 천간, 지지의 상생(相生)과 상극(相剋)의 이치 속에서 만들어진 것이라는 것을 알 수 있는데, 지지가 12개이니, 태(胎), 양(養), 장생(長生), 목욕(沐浴), 관대(冠帶), 건록(建祿), 제왕(帝王), 쇠(衰), 병(病), 사(死), 묘(墓), 절(絶)이라는 12가지 과정으로 이루어집니다.

12운성표

구분	甲	乙	丙/戊	丁/己	庚	辛	壬	癸
태(胎)	酉	申	子	亥	卯	寅	午	巳
양(養)	戌	未	丑	戌	辰	丑	未	辰
장생(長生)	亥	午	寅	酉	巳	子	申	卯
목욕(沐浴)	子	巳	卯	申	午	亥	酉	寅
관대(冠帶)	丑	辰	辰	未	未	戌	戌	丑
건록(建祿)	寅	卯	巳	午	申	酉	亥	子
제왕(帝王)	卯	寅	午	巳	酉	申	子	亥
쇠(衰)	辰	丑	未	辰	戌	未	丑	戌
병(病)	巳	子	申	卯	亥	午	寅	酉
사(死)	午	亥	酉	寅	子	巳	卯	申
묘(墓)	未	戌	戌	丑	丑	辰	辰	未
절(絶)	申	酉	亥	子	寅	卯	巳	午

먼저, 태(胎)는 정자와 난자가 만나 생명이 잉태되는 것으로, 윤회의 결과로 새롭게 모체와 인연을 맺는 것을 말합니다. 아직 특별한 형태를 갖추지 못했기 때문에 이런 운이 오면 큰 진전은 없습니다. 계획하고 준비하는 단계로 보면 되겠습니다.

양(養)은 모태에서 자라나는 상태인데, 엄마 배 속에서 보호를 받고 자라고 있으니, 이런 운이 오면, 마음은 온순하고 낙천적이지만, 어려운 일이 생기면 뒷심이 부족하여 물러서게 됩니다.

장생(長生)은 태어남이고, 세상과 처음으로 인연을 맺는 것을 말합니다. 여러 사람들로부터 축하를 받으며 세상에 나오는 것이니, 이런 운을 가장 좋은 때로 치며, 설령 어려움이 닥치더라도 좋아진다고 봅니다.

목욕(沐浴)은 태어나서 목욕을 하고 점차 성장해 가는 것을 말합니다. 갓 태어난 아기가 자기 기분에 관계없이 목욕을 하게 되면 처음에는 싫지만 곧 개운함을 느끼게 됩니다. 이런 운에는 좋은 일과 나쁜 일이 반복해서 나타나니 성공과 실패가 반복됩니다.

관대(冠帶)는 관을 쓰고 허리띠를 매는 것이니, 성인이 되는 것입니다. 목욕을 마치고 의복을 단정히 갖추었으니, 이런 운에는 남에게 인정도 받고 발전이 있게 됩니다.

건록(建祿)은 관직에 오르고 녹봉을 받는 것이니 직업을 갖고 사회에 진출하는 것을 의미합니다. 벼슬길에 올라 복록을 쌓아 가는 것이니 이런 운이 오면 자신감도 생기고 모든 일이 잘 풀려나가게 됩니다.

제왕(帝王)은 왕처럼 활동한다는 것이니 활동이 가장 왕성한 시기로 전성기라고 할 수 있습니다. 더 이상 바랄 것이 없을 정도로 좋은 시기가 됩니다.

쇠(衰)는 쇠퇴기에 접어드는 것으로 왕성하던 기운이 점차 줄어드는 것을 말합니다. 달도 차면 기울듯이 전성기가 지난 것이니, 이런 운이 오면 마음은 있지만 몸이 따라 주지 못하는 상태라 용기와 자신감이 없게 됩니다.

병(病)은 원기를 잃고 병이 드는 것이니 죽음을 기다리는 형상입니다. 이런 운이 오면, '나의 시대가 갔다'는 생각에 감상적이고 비관적이 됩니다.

사(死)는 말 그대로 병이 깊어져 죽음을 맞는 것입니다. 호흡이 멈췄으니 이런 운이 오면 만사가 뜻대로 안 되고, 아무것도 할 수 없게 됩니다.

묘(墓)는 죽어서 무덤 속으로 들어가는 것입니다. 이런 운이 오면, 무덤 속에 묻혀 있는 형상이니, 답답하고 허무한 시기를 보내게 됩니다.

마지막으로 절(絶)은 시신이 부패하고, 영혼이 육체를 떠나가는 상태, 완전히 무(無)로 돌아가는 상태가 되니, 아무것도 얻을 것이 없게 됩니다.

이 12운성을 통해 좋고 나쁜 시기를 알 수 있는데, 크게 3가지로 나눠볼 수 있습니다. 장생(長生), 관대(冠帶), 건록(建祿), 제왕(帝王)은 가장 좋은 시기로 4왕지(旺地)라고 합니다. 인생에 있어 가장 좋은 때이죠. 태(胎), 양(養), 목욕(沐浴), 쇠(衰)는 그냥 무난한 시기로 4평지(平地)라고 합니다. 그리고 완전히 기운이 빠진 병(病), 사(死), 묘(墓), 절(絶)은 4쇠지(衰地)라고 합니다. 인생의 1/3은 좋은 시기, 1/3은 나쁜 시기, 1/3은 그냥 그런 시기가 된다고 할까요?

그럼 이 12운성은 어떻게 적용을 할까요? 예를 들어, 을묘(乙卯)년 신사(辛巳)월 병자(丙子)일 정유(丁酉)시에 태어난 사람이 있다고 칩시다. 먼저, 생년월일시를 물어 만세력을 통해 사주팔자를 적습니다. 그리고 12운성표를 참조하여, 일간인 병(丙)을 기준으로 지지(地支)에 12운성을 적어 보면 다음과 같이 됩니다.

이 사람인 일간 병(丙)을 기준으로 12운성을 살펴보면, 년지 묘(卯)는 목욕(沐浴)이고, 월지 사(巳)는 건록(建祿)이며, 일지 자(子)는 태(胎)이고, 시지 유(酉)는 사(死)가 됩니다. 이를 아주 간단하게 살펴보면, 이 사람은 초년(출생~20세)에는 목욕(沐浴)이라 별로 두각을 나타내지 못하다가, 청년기(21~40세)가 건록(建祿)이니 모든 일이 잘 풀려나가지만, 중년(41~60세)에 들면 태(胎)이니 큰 진전이 없다가, 말년(60세 이상)은 사(死)라 어렵게 지내게 되겠구나 하는 것을 알 수 있습니다.

이것은 지극히 기초적인 것이고, 좀 더 깊이 들어가서, 각 지지에서 천간으로 발동한 것은 없는지, 그 발동한 것과 합(合)을 하면 어떻게 되는지, 일간인 나(丙) 이외의 천간들 입장에서는 각 지지가 12운성으로 뭐가 되는지, 대운(大運), 세운(歲運), 월운(月運), 일운(日運)에서는 어떻게 되는지 등을 꼼꼼하게 살펴서 사주를 풀어야 합니다.

12운성은 사람이 태어나서 죽을 때까지 일생의 변화를 천간 지지에 적용한 것입니다. 각 천간이 지지를 만났을 때 그에 따른 왕쇠강약(旺衰强弱)을 살핌으로써 운명의 변화를 예측하고자 하는 것인데, 12운성이 주는 의미는 크게 세 가지입니다. 첫 번째는 모든 것이 항상 변한다는 것입니다. 세상에는 변한다는 사실 말고는 변하지 않는 것이 없습니다. 두 번째는 새옹지마(塞翁之馬)입니다. 현재 잘나간다고 너무 좋아할 것도 없고, 지금 힘들다고 좌절할 필요도 없다는 것입니다. 그리고 세 번째는 모든 것은 돌고 돈다는 것입니다. 내 삶이 끝났다고 모든 것이 끝난 게 아니라는 것이죠. 후세들의 삶이 이어지니까요. 좀 더 거시적 관점에서 나를 살피는 노력이 필요하다고 생각됩니다.

형, 파, 해란 무엇인가

만남과 화합이 있으면, 이별과 다툼도 있습니다. 『법구경』에 나오는 진리의 말씀 중에 "사랑하는 사람은 만나지 못해 괴롭고, 미운 사람은 만나서 괴롭다"라는 말씀이 있습니다. 이를 달리 이야기하면, '사랑하는 사람은 만나야 좋고, 미운 사람은 만나지 않아야 좋다'가 될 겁니다. 그런데 좋은 사람만 만나면서 살아지던가요? 이런 사람, 저런 사람 다 만나서 아웅다웅 살아가는 것이 세상살이 아닌가요? 인간사가 그렇듯이, 우리가 발을 딛고 사는 땅속에 흐르는 기운인 지지(地支)도 마찬가지입니다.

지지(地地)는 합(合)을 하기도 하고 충(沖)을 하기도 하는데, 합과 충에 대해서는 앞서 살펴보았습니다. 지지는 합과 충 외에, 서로 부딪쳐 깨지기도(破) 하고, 서로 벌을 주기도 하며(刑), 서로 손해를 끼치기(害)도 하는데, 이 3가지에 대해 살펴보겠습니다.

형(刑), 파(破), 해(害)

3형(刑) 6파(破) 6해(害)

먼저, 형(刑)은 '형벌'이나 '벌'을 내린다는 것입니다. 형벌 형(刑) 자는 원래 우물 정(井) 자와 刀(칼 도) 자가 합쳐진 글자입니다. 여기서 우물 정(井) 자는 죄수를 압송하거나 가두던 나무 우리를 뜻하며, 여기에 칼 도(刀) 자가 덧붙여져 만들어진 형(刑) 자는 죄수에게 벌을 내린다는 뜻을 가지고 있습니다. 지지의 형(刑)에는 인사신(寅巳申), 축술미(丑戌未) 3형 과 자묘형(子卯刑), 그리고 진진(辰辰), 오오(午午), 해해(亥亥), 유유(酉酉) 등이 있습니다.

형(刑)

刑	지세지형 (地勢之刑)	무은지형 (無恩之刑)	무례지형 (無禮之刑)	자형(自刑)			
	寅巳申	丑戌未	子卯	辰辰	午午	亥亥	酉酉

인사신(寅巳申) 3형은 '힘이 세다'는 의미에서 '지세지형(地勢之刑)'이라고 하는데, 사주에 인사신 3형이 있으면, 자신의 힘을 믿고 오만불손하며 언행일치가 안 되고, 불의하고 파렴치한 면이 있으며, 교통사고와 같은 노

상 횡액과 경색, 고혈압, 손발의 부상을 조심해야 합니다. 축술미(丑戌未) 3형은 '은혜를 모른다'는 의미에서 '무은지형(無恩之刑)'이라고 하는데 사주에 축술미 3형이 있으면 냉정하고 배신을 잘하며 알코올, 가스, 약물중독이 따르고, 수술, 당뇨, 구금 등의 횡액, 소화기 계통의 질환을 조심해야 합니다.

3형은 인사(寅巳), 사신(巳申)처럼 세 글자 중 두 글자만 있어도 작용을 합니다. 3형은 생각보다 무서운 것으로 배신, 사고, 수술, 부도 등을 의미하며 남녀 관계에 3형살이 있으면 이별수가 있습니다. 사주에 3형살이 있으면 고집이 세고 난폭하지만 사주가 강하면 권력을 잡아 위세를 떨칠 수도 있습니다. 하지만 사주가 약하면 끌려가거나 구금을 당할 수도 있습니다. 이런 형살이 있는 사주는 남을 묶지 않으면 내가 묶이는 형상이니 판사나 검사, 변호사, 의사, 약사, 교육자 계통의 직업을 갖는 것이 좋습니다.

자묘형(子卯刑)은 '예의를 모른다'는 의미에서 '무례지형(無禮之刑)'이라고 하는데, 사주에 사묘형이 있으면 고집이 세고, 난폭히며, 예의가 없고, 뇌질환, 비뇨기과 계통의 질환을 조심해야 합니다. 진진(辰辰), 오오(午午), 해해(亥亥), 유유(酉酉)형은 같은 글자로 이루어져 있습니다. 진진(辰辰)은 물이 많고, 오오(午午)는 불이 많으며, 해해(亥亥)는 물이 많고, 유유(酉酉)는 금이 많아 형으로 봅니다. 스스로에게 형벌을 가하는 형상이니 자형(自刑)이라고 하는데 작용력은 약한 편입니다.

다음으로, 파(破)를 살펴보면, 깨뜨릴 파(破)는 돌 석(石) 자와 가죽 피(皮)가 합쳐져 이루어진 글자입니다. 가죽 피 자에는 껍질, 물체의 겉면이라는 뜻도 있지만, 껍질을 벗기다, 떼어 내다라는 뜻도 있습니다. 따라서 깨뜨릴 파(破) 자는 돌 껍질을 떼어 내다, 부수다, 깨뜨리다, 파괴하다, 일을 망치다라는 뜻이 숨어 있다고 볼 수 있습니다.

파(破)는 충(沖), 형(刑), 해(害)보다는 작용력이 약하지만, 일지와 월지에 파살(破殺)이 있으면 부부 이별수가 있으니 조심해야 합니다. 지지의 파(破)에는 자유파(子酉破), 축진파(丑辰破), 인해파(寅亥破), 묘오파(卯午破), 사신파(巳申破), 술미파(戌未破) 6가지가 있는데, 이를 '6파(破)'라고 합니다.

6파(破)

破	子酉	丑辰	寅亥	卯午	巳申	戌未

자유파(子酉破), 축진파(丑辰破), 인해파(寅亥破)는 파(破)의 일반적인 의미 그대로 부딪치고 깨지는 것이고, 사주에 묘오파(卯午破)가 있으면 색정, 유흥, 실패 같은 일이 생기며, 사신파(巳申破)는 합(合)도 되고 파(破)도 되니, 사주에 사신파(巳申破)가 있으면 처음에는 합의 작용이 일어나지만 중간에 불화가 생겨 파산이나 손재가 발생합니다. 그리고 사주에 술미파(戌未破)가 있으면 골육상쟁, 구설 시비, 배신, 질투 같은 것이 잘 생깁니다.

마지막으로 해(害)는 말 그대로 '해치다', '해롭다'라는 뜻을 가진 글자입니다. 해(害) 자는 집 면(宀) 자와 예쁠 봉(丰) 자와 입 구(口) 자가 합쳐진 글자입니다. 예쁠 봉(丰) 자는 풀이 무성하게 올라오는 모습이지만, 뾰족한 흉기의 모양이기도 합니다. 따라서 해(害) 자는 집 안에서의 말다툼이 집을 뚫고 올라오는 형상이니, 누군가를 해치거나 난장판이 벌어지고 있다는 뜻이 됩니다.

6해(害)

害	子未	丑午	寅巳	卯辰	申亥	酉戌

해(害)는 지지가 합(合)을 하지 못하도록 방해하는 것, 오행(五行)의 서로 다른 성격이 나쁘게 작용하는 것인데, 자미(子未), 축오(丑午), 인사(寅巳), 묘진(卯辰), 신해(申亥), 유술(酉戌) 6가지가 있어 '6해(六害)'라고 합니다. 사주에 해(害)가 많으면 가족 간에 갈등이 많고, 참을성이 부족해 화를 잘 내고 고질병이 있습니다. 대운(大運)이나 세운(歲運)에서 해(害)를 만나면 도난, 관재, 화재 사고가 발생합니다.

명리학을 공부하다 보면, 형충파해(刑沖破害)라는 말을 많이 듣게 되는데, 이 4가지 중에서 가장 큰 작용력을 가진 것은 충(沖)이고, 그다음은 형(刑)이며, 파(破)나 해(害)는 상대적으로 약한 작용력을 가진 것으로 생각됩니다. 충(沖)이나 형(刑)은 좀 더 극단적으로 작용을 하지만, 파(破)나 해(害)는 은근하게 해를 끼치는 작용을 한다고 할까요? 그래도 보다 정확한 사주풀이를 위해서는 형파해(刑破害)의 작용에 대해 이해와 암기가 필요할 것입니다. 모든 것은 '아는 만큼 보이는 법'이니까요.

신살이란 무엇인가

살다 보면 질병이 생기거나, 상처를 입거나, 복잡한 사건에 휘말리거나, 갑자기 죽는 등 좋지 못한 일이 생길 수 있는데, 이런 경우 '액운'이 끼었다고 합니다. 이런 액운을 가져오는 것을 명리학에서는 '신살(神煞)'이라고 하는데, '신(神)'은 나를 도와주는 길신(吉神)이고, '살(煞)'은 사람을 해치고 위험에 빠뜨리는 모질고 독한 귀신의 기운을 말합니다.

신살은 한자가 만들어지고, 음양오행으로부터 생겨난 60갑자를 가지고 인간의 운명을 추리해 오는 동안 경험치가 누적되어 만들어진 것이 아닌가 싶습니다. 수천 년 동안 발생한 질병이나 상해, 사건, 죽음을 맞이한 사람들의 사주를 분석한 결과, 구체적인 실체는 없지만, 사주에 '어떤 글자가 있고, 어떤 상황이 생기면, 어떤 일이 생기더라'와 같은 것들이 추론들이 모여 신살 이론이 정립되었다고 할까요?

'살(煞)'의 일반적인 특징은 고집이 세고 지배당하는 것을 싫어하며, 명예 지향적이라 자신을 믿고 인정해 주는 것을 좋아합니다. 추진력이 있고 배짱이 있으며, 자유로운 영혼을 가지고 있으니 독립적인 직업을 선택하면 좋을 것 같습니다. 또 사주에 신살이 있으면, 없는 사람들에 비해 사건 사고가 많아 다치거나 작은 수술을 하는 경우가 있습니다.

신살의 종류는 많지만, 먼저 흔히 이야기되는 '역마살(驛馬殺)'부터 살펴볼까요? 한곳에 정착을 못 하고 이리저리 떠돌아다니는 사람을 '역마살'이 끼었다고 하는데, 역마살에는 인(寅), 신(申), 사(巳), 해(亥) 4가지가 있습니다. 많을수록 작용력이 크고, 일지, 월지, 년지나 시지 순으로 작용력이 크다고 봅니다. 역마살은 활동이나 움직임이 많다는 것이니, 사주에 역마살이 있으면, 항상 바쁘게 살아가거나, 객지나 타국에서 생활하는 경우가 많습니다.

사주에 역마살이 많으면, 항상 활동적이고 분주하게 돌아다니며, 앉아서 일하는 직업보다 비행사, 스튜어디스, 무역, 관광안내, 외교관, 군인, 경찰, 영업 등 활동적인 직업을 선택하면 좋습니다. 박정희 대통령 사주를 보면, 지지가 모두 역마살인 인신사해(寅申巳亥)로 이루어져 있습니다. 일제 강점기에는 일본군 장교로 만주에서 일했고, 해방 후에는 군인으로 전국을 돌아다녔으며, 대통령이 되어서는 해외 순방을 많이 했으니, 사주대로 산 셈이라고나 할까요?

두 번째로, '도화살(桃花煞)'에는 자(子), 오(午), 묘(卯), 유(酉) 4가지가 있습니다. 도화살은 기본적으로 색욕(色慾)을 뜻하는 살로, 이성이 끊이지 않고, 유혹에 약하여 쉽게 관계를 맺는 것을 의미합니다. 남자든 여자든 도화살이 끼면 과도한 성욕으로 재앙을 당하게 된다고 하여 옛날에는 무척 꺼리는 살이었습니다.

현대에 와서는, 매력적으로 보이고 이성의 주목을 끄는 긍정적인 요소로 도화살이 이야기되며, 연예인들이 반드시 갖추어야 할 살이라고 합니다. 도화살이 있는 사주가 잘 풀리면 탤런트, 영화배우, 성악가, 화가, 무용가, MC, 아나운서 등의 직업을 갖게 되지만, 사주가 나쁘게 풀리면 제비족이나 꽃뱀이 되기도 하니 장단점이 있습니다.

세 번째로 '화개살(華蓋煞)'은 명예살, 고집살이라고도 하는데, 진(辰), 술(戌), 축(丑), 미(未) 4가지가 있습니다. 화개(華蓋)는 '화려한 꽃(花)을 덮는다(蓋)', '화려함을 덮는다'는 뜻이니, 화개살은 '부귀영화를 덮는 액운'이라는 것입니다. 부귀영화와 멀게 만드니 하는 일에 장애가 많고, 돈과 명예, 인간관계와 멀어져 쓸쓸하고 고독하며, 철학적, 사색적, 종교적인 삶이 되기 쉽습니다. 한마디로, 화개살은 학문과 예술, 종교의 살입니다.

사주에 화개살이 많으면, 혼자 있는 것을 좋아하고, 여성의 경우에는 과부나 기생, 스님이 되기 쉽다고 합니다. 화개살이 많은 사람은 고집이 세고 지배당하는 것을 싫어하지만, 자신을 신임해 주고, 인정해 주면 2배로 능력을 발휘하며, 독립적이고 자유로운 직업을 갖는 것이 좋습니다.

네 번째로, 묘(卯), 술(戌), 해(亥), 미(未)를 '천문성(天文星)'이라고 하는데, 하늘의 문이 열려 있다는 뜻입니다. 하늘의 글을 뜻하는 천문을 읽는

지혜를 타고났으니, 천문성이 있으면 다른 사람들에 비해 재주나 문장이 뛰어나고, 건강, 개성, 적성 등 사람의 특성을 잘 분석하고 읽어 내는 재주가 있습니다. 사람의 생명을 다루는 의사, 한의사, 간호사, 약사, 변호사, 검사, 판사 직업을 가지면 좋고, 역학자로 활동을 해도 좋습니다.

다섯 번째로, 자유(子酉), 축오(丑午), 인미(寅未), 묘신(卯申), 진해(辰亥), 사술(巳戌), 6가지를 '귀문살(鬼門殺)'이라고 합니다. 귀문살은 귀신이 문을 걸어 잠근다는 뜻이니, 사주에 귀문살이 있으면 영적으로 강한 면을 보이게 됩니다. 귀문살이 있으면 잡귀가 씌어 정신병 같은 질병을 앓기 쉽다고 하지만, 모든 살에는 긍정적인 면과 부정적인 면이 있습니다.

귀문살이 있는 사주는, 좋게 말하면 두뇌가 비상하여 천재성을 보이고 집중력이 뛰어나다고 할 수 있지만, 나쁘게 말하면 지나치게 예민하고 집착, 몰두, 편집증, 변덕, 착각, 원망, 폭력, 히스테리에 이중적인 정신구조를 보이며, 정신이상이 오거나 의심으로 인한 의부, 의처증, 변태 기질을 보입니다.

귀문살이 있으면, 신경이 예민하고 감각이 빠르고 감수성이 발달되어 있고 끼가 있지만, 배짱이나 추진력, 결단력이 다른 사람에 비해 약하므로 되도록 사업은 하지 않는 것이 좋습니다. 문학가, 예술가, 상담가, 사회복지사 등의 직업이 좋다고 할 수 있습니다.

여섯 번째로, '백호살(白虎煞)'은 흰 호랑이에게 물려 피를 흘리며 죽는다는 살입니다. 갑진(甲辰), 을미(乙未), 병술(丙戌), 정축(丁丑), 무진(戊辰), 임술(壬戌), 계축(癸丑), 계미(癸未) 8가지가 있습니다. 옛날에는 호랑이에게 많은 해를 입어 호식살(虎食殺)이라고도 불렀는데, 요즘은 자동차가 호랑이의 역할을 대신하고 있으니, '자동차살', 또는 '교통사고살'이라고 불러도 좋을 것입니다.

점쟁이 집에 가면 무턱대고 "조상 중에 피를 흘리며 죽은 사람이 있구면" 하며 이야기하는데, 선무당이 사주에 있는 백호살만 보고 하는 소리입니다. 백호살은 호랑이에게 잡아먹히는 살이니, 흉한 일로 피를 보게 된다는 의미를 가지고 있고, 사고, 수술, 횡액이 따르기도 하지만, 백호살이 있으면 머리가 좋고, 성격이 강하고, 추진력이 좋은 장점도 있습니다.

일곱 번째로, '괴강살(魁罡煞)'은 북두칠성의 정기를 받은 강렬한 날에 태어났다고 하는 살입니다. 무술(戊戌), 경진(庚辰), 경술(庚戌), 임진(壬辰) 4가지가 있습니다. 사주에 괴강살이 있으면, 남자에게는 좋은 작용을 하는 반면, 여자에게는 남편을 해치는 나쁜 작용을 한다고 하지만, 요즘 시대에는 조금 맞지 않는 경향도 있습니다.

어쨌든, 괴강살이 있으면, 남자든 여자든 추진력과 결단력이 뛰어나고, 논리적이며 따지기를 좋아합니다. 남녀 모두 인물이 좋은 반면, 고집과 자존심이 세고, 특히 여자의 경우 남편복이 없어 과부나 이혼녀가 많고,

남편과 관련한 애로가 많습니다.

여덟 번째로, 양인살(羊刃煞)은 '양을 칼로 베는 형상의 살'로 갑묘(甲卯), 병오(丙午), 무오(戊午), 경유(庚酉), 임자(壬子) 5가지가 있습니다. 양인살은 형벌을 맡은 살로 사주에 양인살이 있으면, 남녀 모두 성품이 포악하고, 이중적인 면이 있으며, 탐욕이 많고, 여자는 음탕하여 수치심을 모르거나 패륜녀가 되기도 합니다. 사주가 좋은 경우는 의료계나 법조계에서 일하기도 하지만, 나쁜 경우에는 조폭이나 범죄자가 되기도 합니다. 경찰이 되는 사주와 조폭이 되는 사주는 한 끗발 차이밖에 안 된다고나 할까요?

일간이 강한 사주에 양인살이 있으면 더 강해지니 '신왕무의(身旺無依)'라고 하여, 부모 형제 덕이 없고, 처자식과 인연도 박하며, 직장 생활이 길지 못합니다. 너무 강해서 타인과 잘 화합하지 못하고, 스님 팔자가 되거나 출세는 해도 처나 자식에게 횡액이 많거나 여러 번 결혼하기도 합니다. 하지만, 일간이 약한 경우에는 오히려 도움이 되기도 합니다.

아홉 번째로, 자미(子未), 축오(丑午), 인유(寅酉), 묘신(卯申), 진해(辰亥), 사술(巳戌) 6가지를 '원진살(怨嗔煞)'이라고 합니다. 원진살은 원망할 원(怨) 자에 성내다, 책망하다의 진(嗔) 자가 합쳐진 것이니, 까닭 없이 서로 미워하는 기운이고, 갈등, 불화, 이별을 뜻합니다.

사주에 원진살이 많으면 얼굴이 추하고 음성이 탁한 경우가 많습니다. 성격이 모가 났고, 잘 삐치고, 육친 간에 불화하는 경우도 많습니다. 또,

원진살은 서로 원망하고 미워하게 되는 살이라, 궁합을 볼 때 원진살이 있으면 좋지 않은 궁합이라고 봅니다. 그럼에도 불구하고 인연이 끈질겨서 이별을 했다가도 다시 엮이게 된다는 살이기도 합니다.

열 번째로, '공망살(空亡煞)'이 있습니다. 천간과 지지를 가지고 갑자(甲子), 을축(乙丑), 병인(丙寅) 식으로 간지를 만들어 가다 보면, 천간은 10자이고 지지는 12자이므로 천간이 지지에 비해 2자가 부족합니다. 이때 짝을 이루지 못한 2개의 지지를 공망이라고 합니다. 공망은 비었다, 없다, 망했다는 뜻이니, 사주에서 공망이 되는 글자는 제 역할을 할 수가 없습니다. 그리고 지지가 공망이 되면, 그 기둥의 천간도 공망이 됩니다.

공망이 되면 총명하지만 인덕이 없고, 고독하고, 마음먹은 대로 일이 잘 풀리지 않고 막힘이 많게 됩니다. 년지(年支)가 공망이면 조상 덕이 없고, 월지(月支)가 공망이면 부모, 형제 덕이 없고 타향살이를 하게 되며, 일지(日支)가 공망이면 배우자와 인연이 박하고, 시지(時支)가 공망이면 자식 덕이 없지만, 년월일시 모두가 공망이면 오히려 좋은 사주(貴命)가 됩니다.

이상으로 살펴본 10가지 외에도 '겁살', '사고살', '자살살', '홍염살', '망신살', '급각살', '수옥살' 등 수십 가지의 신살이 있습니다. 60갑자 중에 괴강살, 양인살, 백호살, 단 3개만 살펴보더라도, 괴강살에 해당되는 간지가 6개, 양인살이 3개, 백호살이 7개, 총 16개로, 하나라도 해당될 확률이 16/60(26.7%)이 되어, 신살 자체가 별로 타당성이 없는 것 아니냐고 하는 분도 있습니다. 하지만, 사주를 풀다 보면 맞는 부분이 많아 무릎을 치기도 합니다.

또, 일반적으로 살은 나쁜 역할(凶星)을 하는 것으로 알고 있지만, '천을귀인(天乙貴人)', '문창성(文昌星)', '문곡귀인(文曲貴人)', '천덕귀인(天德貴人)', '월덕귀인(月德貴人)'처럼 좋은 역할을 하는 것(吉星)도 있습니다. 기본적인 것들은 모두 암기를 하고, 다른 것들은 사주를 풀어 가며 추가적으로 이해하면 되겠습니다.

3부
내 그릇의 크기와 수호신

사주의 강약 살펴보기

사주를 풀이할 때 가장 먼저 보아야 할 것은, '나'를 확인하는 것입니다. 사주(四柱)는 년주(年柱), 월주(月柱), 일주(日柱), 시주(時柱), 4개의 기둥을 말하며, 각 기둥은 천간(天干)과 지지(地支)로 구성된 8개의 글자, 4개의 간지(干支)로 이루어져 있습니다. 8개의 글자 중 일(日)에 있는 천간의 글자(日干)가 '나'입니다. 아래 사주에서는 일간인 임(壬)수가 '나'입니다.

두 번째는 내가 되는 임(壬)수, 물(水)의 특징을 살펴보는 것입니다. 오행(5行) 중 수(水)는 생각과 지혜(智)를 상징하니, 총명하고, 지혜롭고, 타인에 대한 배려가 깊은 반면, 쓸데없는 생각을 많이 하는 특징이 있는데,

수(水)에는 계(癸)수와 임(壬)수가 있습니다.

세 번째는 임(壬)수의 특징을 살펴보는 것입니다. 임(壬)수는 양(+)의 물이며, '강호수(江湖水)'로 바다, 강, 호수 등과 같은 큰물을 상징합니다. 임(壬)수의 특징은 자기를 보여 주고 싶어 하고, 총명하며, 성격이 원만하고, 인내심이 있고, 도량이 넓어서 타인의 존경을 받습니다.

네 번째로, 각 글자의 음양(陰陽)을 살펴, 음(陰)의 글자가 몇 개고, 양(陽)의 글자가 몇 개인지 세어 보는 것입니다. 이 사주에는 음(-)의 글자가 5개, 양(+)의 글자가 3개로, 이 사주의 주인공은 다소 음(-)적인 사람이라는 것을 알 수 있습니다. 음(-)은 땅(土), 달, 여성, 식물, 춥고 어둡고 부드러움을 상징합니다. 따라서 이 여성은 소극적, 계산적이고 침착하며, 내성적, 실리적이며 현실적이고 자기중심적인 특징을 가지고 있다는 것을 알 수 있습니다.

다섯 번째는, 전제석인 오행의 구조를 살피는 것입니다. 총 8개의 글자 중 목(木), 화(火), 토(土), 금(金), 수(水)가 각각 몇 개씩인지 살펴보는 것입니다. 이 사주는 목(木)이 2개, 화(火)가 2개, 토(土)가 1개, 금(金)이 1개, 수(水)가 2개로 구성되어 있습니다. 너무 많거나 적은 것이 없이, 오행이 골고루 갖춰져 있고, 더구나 년주(年柱)에서 시주(時柱)에 이르기까지, 목생화(木生火) → 화생토(火生土) → 토생금(土生金) → 금생수(金生水) → 수생목(水生木)으로 기운이 흐르고 있어, 드물게 보이는 좋은 사주라는 것을 알 수 있습니다.

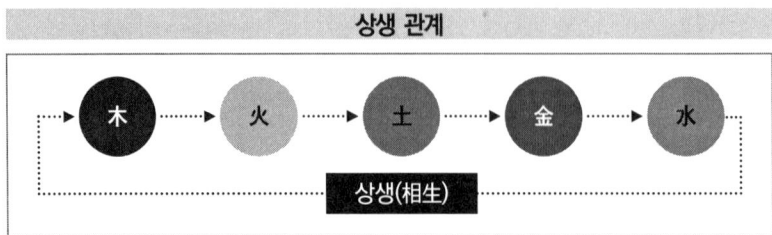

여섯 번째는 사주의 강약을 따져 보는 것입니다. 사주가 강하면 '신왕(身旺)', 사주가 약하면 '신약(身弱)'하다고 말합니다. 사주가 강하다는 것은 사주에 일간인 나와 같은 오행이거나, 나를 생(生)해 주는 글자가 많다는 것이고, 사주가 약하다는 것은 내가 생하거나 극하거나 나를 극(剋)하는 오행이 많다는 것입니다.

사주의 강약을 따질 때 주로 쓰이는 용어들이 있습니다. 가장 먼저 월지(月支)를 살펴, 월지가 일간과 같은 오행이거나 일간을 생(生)해 주는 오행이면 '득령(得令)', 그렇지 못하고, 일간이 월지를 생하거나, 일간이 월지를 극하거나 월지가 일간을 극하는 경우에는 '실령(失令)'했다고 말합니다.

두 번째로, 일지(日支)를 살펴, 일지가 일간과 같은 오행이거나 일간을 생(生)해 주는 오행이면 '득지(得地)', 그렇지 못하고, 일간이 일지를 생하거나, 일간이 일지를 극하거나, 일지가 일간을 극하는 경우에는 '실지(失地)'했다고 말합니다.

세 번째로, 시지(時支)를 살펴, 시지가 일간과 같은 오행이거나 일간을 생(生)해 주는 오행이면 '득시(得時)', 그렇지 못하고, 일간이 시지를 생하거나, 일간이 시지를 극하거나, 시지가 일간을 극하는 경우에는 '실시(失時)'했다고 말합니다.

네 번째로, 사주 전체의 글자들을 살펴, 일간과 같은 오행이거나 일간을 생(生)해 주는 오행이 많으면 '득세(得勢)', 그렇지 못하고, 일간이 생하거나, 일간이 극하거나, 일간을 극하는 오행이 많은 경우에는 '실세(失勢)'했다고 말합니다.

사주의 강약

구분	최강	중강	강	약화위강	강화위약	약	중약	최약
月支	○	○	○	×	○	×	×	×
日支	○	○	×	○	×	○	×	×
勢力	○	×	○	○	×	×	○	×

신왕, 신약을 따질 때는 가장 중요한 것이 월지(月支)로, 몇 월에 태어난 '나'냐 하는 것이고, 다음은 일지(日支)로 며칠에 태어난 '나'냐 하는 것이며, 그다음은 나를 도와주는 세력이 얼마나 되느냐입니다. 득령(得令), 득지(得地), 득세(得勢)하여, 월지(月支), 일지(日支), 시지(時支)가 모두 일간과 같은 오행이거나 일간을 생(生)해 주는 오행이면 가장 강하고, 그다음은 득령과 득지만 한 경우, 득령과 득세만 한 경우, 득지와 득세만 한 경우 순으로 신왕하다고 할 수 있습니다. 그리고 득령, 득지, 득세 하나씩만 한 경우는 신약하고, 하나도 못 한 경우에는 가장 신약하다고 할 수 있습니다.

이 사주에서는 일간이 임(壬)수이기 때문에, 같은 수(水) 글자나 수(水)를 생(生)하는 금(金) 글자가 몇 개인지를 따져 봐야 하는데, 먼저 월지(月支)를 보면, 월지가 축(丑)토로 실령한 것 같지만, '수왕지절(水旺之節)'인 한겨울 축(丑)토는 일간과 같은 물(水)로 보니 득령했다고 할 수 있습니다. 다음으로 일지가 임(壬)수를 생(生)하는 신(申)금이니 득지했고, 시지는 묘(卯)목이니 실지했으며, 축(丑)토를 포함하여 일간과 같은 수(水)의 세력이 절반이나 되니 득세했다고 보아도 무방하겠습니다. 아무튼 이 사주는 득령, 득지, 득세했으니 매우 신왕(身旺)한 사주로 보면 되겠습니다.

사주가 강하고 약한 것은 큰 문제는 아닙니다. 일단 신왕하면 주체성과 결단력이 강하고, 어려운 환경을 극복하는 힘이 크고, 신약한 경우에는 그 반대로 생각하면 되겠습니다. 신왕한 사주에 억제해 주는 글자가 있으면 다정다감하고 명랑하며 환경에 잘 적응하고 처사가 원만한 반면, 그렇지 못하면 고집이 세고 독선적이며 횡포하고 다투기를 좋아하며 자비심이 없어 약한 자를 괴롭히는 경향이 있습니다. 신약한 사주에 도와주는 글자가 있으면 매사에 심사숙고하니 경솔하지 않고 검소하며 부지런한 반면, 그렇지 못하면 고집이 세고 의심이 많고 결단력과 패기가 없어 큰일을 도모하기 힘들어집니다.

격국(格局)이란 무엇인가

대부분의 사주는 '격국'과 '용신'을 알아야 풀 수 있고, 대운(大運)이나 세운(歲運)에 따라 그 사람의 운(運)이 어떻게 달라지는지 알 수 있습니다. 격국(格局)은 그 사람이 누구인지, 그 사람의 그릇의 크기는 얼마나 되는지 알려 주는 사주팔자의 구성 형태입니다. 격국에서 격(格)은 천간, 국(局)은 지지를 말하는데, 좀 더 구체적으로 말하면 '일간(日干)'과 '월지(月支)'를 말합니다. 다시 말해 '어느 월에 태어난 누구냐' 하는 것이죠. 그런데 왜 월지를 중심으로 삼는 것일까요?

사주(四柱)는 연(年), 월(月), 일(日), 시(時) 4개의 기둥(柱)으로 이루어져 있습니다. 태어난 생년월일시를 나무에 비교하는 '근묘화실(根苗花實)론'에 따르면, 년주(年柱)는 뿌리가 되고, 월주(月柱)는 싹이 되며, 일주(日柱)는 꽃이 되고, 시주(時柱)는 열매가 됩니다. 이것을 다시 사람에 비유하면, 뿌리는 '조상'이 되고, 싹은 '자궁'이고 '출생지'고 '부모'가 되며, 꽃은 사주의 주인공인 '내'가 되고, 열매는 '자식'이 됩니다.

무슨 나무인지 알 수 있기 위해서는 그 '싹'을 봐야 합니다. '그 친구 하는 꼬락서니를 보니 싹수가 노랗다' 할 때의 '싹수'는 그 사람이 장래에 잘될 것 같은 조짐이나 낌새를 말합니다. 싹을 보면 그 나무가 어떤 나무인지, 제대로 성장할 수 있을 것인지 알 수 있듯이 사람도 그렇습니다. 사주에서 싹은 월주(月柱), 그중에 특히 엄마 자리인 월지(月支)에서 나온다고 할 수 있으니, 사주의 격국(格局)은 '월지'를 기준으로 정하게 되는 것입니다.

격국은 '내격(內格)'과 '외격(外格)'으로 구분됩니다. 오행이 골고루 잘 갖춰져 있는 사주는 '내격' 또는 '정격(正格)'이라고 하는데, 모든 사주의 85% 정도를 차지합니다. 정격은 일간을 중심으로 월지가 무엇인지 살펴 육친의 이름대로 이름을 붙인 것입니다. 예를 들어, 일간이 갑(甲)목인데 월지가 갑목의 식신에 해당하는 사(巳)화면 '식신격', 월지가 상관에 해당하는 오(午)화면 '상관격'으로 부르는 것입니다. 이런 식으로 하면 비견격(比肩格), 겁재격(劫財格), 식신격(食神格), 상관격(傷官格), 편재격(偏財格), 정재격(正財格), 편관격(偏官格), 정관격(正官格), 편인격(偏印格), 정인격

(正印格)으로 구분할 수 있고, 이를 '10정격(正格)'이라고 합니다.

좀 더 구체적으로 말하면, 일간을 중심으로 월지의 지장간 중에서 정기(正氣), 여기(餘氣), 중기(中氣) 순으로 천간(天干)에 투간된 것을 살펴 격국을 정하게 되는 것입니다. 예를 들어 양력으로 2003년 8월 26일 밤 10시에 태어난 사람의 사주는 癸未(년), 庚申(월), 辛未(일), 己亥(시)가 됩니다. 일간이 신(辛)금이고, 월지 신(申)금의 지장간은 무(戊)토, 임(壬)수, 경(庚)금인데, 정기인 경금이 천간에 투간하였으며, 일간에서 경금은 육친으로 겁재(劫財)이니 이 사람 사주의 격국은 '겁재격'이 되는 것이죠.

사주와 격국

편인	나	겁재	식신
己	辛	庚	癸
亥	未	申	未
상관	편인	겁재	편인

반면, 어느 오행이 지나치게 많거나, 일간이 뿌리가 없고 약해 강한 오행을 따라갈 수밖에 없는 사주는 '외격' 또는 '편격(偏格)'이라고 합니다. 외격에는 사주가 거의 한 가지 오행으로만 구성되어 있는 '일행득기격(一行得氣格)', 일간인 나를 버리고 강한 오행을 따라가는 '종격(從格)', 일간이 시간이나 월간과 합해 격이 변하는 '화격(化格)', 그 외 어디에도 속하지 않는 여러 가지 잡격(雜格)들이 있습니다.

'전왕격(專旺格)' 또는 '일행득기격'은 사주가 '비겁(比劫)'으로만 구성되어 있는 경우를 말합니다. 예를 들면 일간이 갑(甲)목인데, 온통 사주가 갑목이나 을(乙)목으로만 구성되어 있는 것이죠. 전왕격 또는 일행득기격에는 5행에 따라 총 5가지가 있습니다. 사주가 온통 목(木)으로만 이루어진 경우에는 '곡직격(曲直格)', 화(火)로만 이루어진 경우는 '염상격(炎上格)', 토(土)로만 이루어진 경우에는 '가색격(稼穡格)', 금(金)으로만 이루어진 경우는 '종혁격(從革格)', 수(水)로만 이루어진 경우는 '윤하격(潤下格)'이라고 합니다.

곡직격(曲直格)	염상격(炎上格)
乙 甲 甲 癸 亥 寅 寅 卯	丙 丙 甲 丙 午 午 午 午

'종격(從格)'은 일간이 뿌리도 없고 도와주는 세력도 없는 경우, 일간을 제외한 나머지 글자 중 힘이 가장 센 놈을 따라가는 경우를 말합니다. 종격에는 5가지가 있는데, 일간과 같은 오행이 엄청 많은 경우에는 '종왕격(從旺格)', 일간을 생(生)해 주는 오행이 엄청 많을 경우에는 '종강격(從强格)', 일간이 생해 주는 오행이 엄청 많을 경우에는 '종아격(從兒格)', 일간이 극(剋)하는 오행이 엄청 많을 경우에는 '종재격(從財格)', 일간을 극하는 오행이 엄청 많을 경우에는 '종살격(從殺格)'이라고 하는 것이죠.

종살격(從殺格)	종재격(從財格)
甲 辛 丙 丁 午 卯 午 未	甲 壬 丙 丁 辰 寅 午 酉
극히 신약한 신(辛)금이 주변에 넘치는 불(火)을 따라 종(從)함	유(酉)금은 멀고 불(火)의 극(剋)이 심해 도와줄 형편이 못 되니 강한 불(火)을 따라 종(從)함

'화격(化格)'은 천간합에 의해 이루어진 격을 말하는데, 여기서 화(化)는 뭔가 된다, 달라진다는 뜻이니, 합(合)을 해서 뭔가 달라진 격이라는 말이 됩니다. 화격에는 5가지가 있는데, 일간이 갑기합(甲己合)을 이루고 사주에 토(土)가 엄청 많은 경우에는 '화토격(化土格)', 일간이 을경합(乙庚合)을 이루고 사주에 금(金)이 엄청 많은 경우에는 '화금격(化金格)', 일간이 병신합(丙辛合)을 이루고 사주에 수(水)가 엄청 많은 경우에는 '화수격(化水格)', 일간이 정임합(丁壬合)을 이루고 사주에 목(木)이 엄청 많은 경우에는 '화목격(化木格)', 일간이 무계합(戊癸合)을 이루고 사주에 화(火)가 엄청 많은 경우에는 '화화격(化火格)'이라고 합니다.

병신합화수격(丙辛合化水格)	을경합화금격(乙庚合化金格)
己 丙 辛 辛 亥 子 丑 亥	庚 庚 乙 庚 辰 戌 酉 申

종격이나 화격이 되기 위해서는, 종(從)하는 계절이어야 하고, 지지에 삼합(三合)이나 방합(方合)이 있어야 하며, 종하는 오행이 천간에 투출

이 되어야 하고, 합을 하는 글자들의 뿌리가 없어야 하며, 합으로 이루어진 글자가 극하거나 그 글자를 극하는 오행이 없어야 합니다. 예를 들어 무계합화격(戊癸合化格)이 되려면, 월지(月支)가 불(火)의 계절인 사오미(巳午未)월이어야 하고, 지지(地支)에 사오미 방합이나 인오술(寅午戌) 삼합이 있어 강력한 세력을 형성해야 하며, 천간(天干)에 화의 기운인 병(丙)화나 정(丁)화가 투출되어야 하고, 화 기운을 거스르는 수(水)나 금(金) 기운이 없어야 합니다.

그 외에도 여러 가지 격국이 있는데 몇 가지만 살펴보면, '양신성상격(兩神成象格)'은 두 개의 오행으로만 구성된 사주인데, 일간이 다른 오행을 생(生)하는 구조로 이루어져 있습니다. '건록격(乾祿格)'은 월지가 일간의 건록인 경우를 말합니다. 인(寅)월의 갑(甲)목일간, 묘(卯)월의 을(乙)목일간, 사(巳)월의 병(丙), 무(戊)일간, 오(午)월의 정(丁)기(己)일간, 신(申)월의 경(庚)일간, 유(酉)월의 신(辛)일간, 해(亥)월의 임(壬)일간, 자(子)월의 계(癸)일간일 때 건록격이 됩니다. '양인격(羊刃格)'은 일간이 양(+)이고 월지에 양인이 붙은 경우입니다. 일간이 갑(甲)목이고 월지가 묘(卯)일 때, 일간이 병(丙)화고 월지가 오(午)일 때, 일간이 무(戊)토고 월지가 오(午)일 때, 일간이 경(庚)이고 월지가 유(酉)일 때, 일간이 임(壬)수고 월지가 자(子)일 때 양인격이 됩니다.

양신성상격(兩神成象格)				건록격(乾祿格)				양인격(羊刃格)			
壬	壬	甲	癸	戊	癸	戊	庚	丁	戊	庚	甲
寅	寅	子	卯	午	未	子	子	巳	申	午	午

격국은 사주 당사자의 출신성분과 같습니다. 사회나 직장에서 사람을 만났을 때, 그 사람의 인품이나 실력을 알기 위해서는 시간이 걸립니다. 그래서 먼저 물어보는 것이 있습니다. 나이는 몇 살인지, 고향이 어디인지, 부모님은 어떤 분들인지, 어느 고등학교, 어느 대학을 나왔는지 같은 것들입니다. 쉽게 말해 그 사람의 출신성분을 알면 대충 그 사람이 어떤 사람이겠다는 추측이 가능하기 때문에 그런 것들을 물어보는 것이죠. 사주도 마찬가지로 격국을 알면 그 사람이 어떤 사람인지 대충 감을 잡을 수 있습니다.

격국을 확인한 다음에 할 일은 무엇일까요? 회사에서 신입사원이 들어오면 상사들은 신상명세서를 통해 기본적인 인적 사항을 확인합니다. 격국이 어떤지 살펴보는 것이죠. 그다음은 면담을 통해 그 사람을 좀 더 구체적으로 파악한 후 육성계획을 세웁니다. 그 사원의 강점은 살리면서 약점을 보완해 줄 방법을 찾는 것이죠. 사주에서도 격국을 알았다면 그다음 할 일은, 그 사주에서 가장 필요하고 도움이 되는 오행, 다시 말해 용신(用神)을 찾는 것입니다.

나의 용신은 무엇일까

사주를 풀이할 때는 격국과 사주의 강약뿐 아니라, 더운지 아니면 추운지(燥熱寒濕), 상생과 상극(相剋), 병약(病弱) 등을 살펴본 후, 그러한 사주의 결점을 보완해 주는 좋은 글자가 무엇인지 찾아야 하는데, 그런 글자를 '용신(用神)'이라고 합니다. 나의 수호신이라고 할까요?

용(用)은 달 월(月) 자에 시간 곤(丨) 자가 합쳐진 글자로, 달이 시간에 따라 변하는 모습입니다. 보름달이 되었다가, 반달이 되었다가, 초승달이 되었다가, 그믐달이 되었다가 하는 모습이죠. 보름달은 본체(本體)고, 보름달을 포함한 여러 가지 달의 모습은 용(用)이라고 할까요? 이에 따라 용(用)은 '쓰다', '이용하다'는 뜻이 되니, 용신(用神)은 여러 가지 용도로 쓰이는 신(神)이라고 봐도 좋겠습니다.

사주에서 용신은 너무 강한 사주는 강한 기운을 빼 주고, 너무 약한 사주라면 도와(生助)주며, 너무 추운 사주는 따뜻하게 해 주고, 너무 더운 사주는 식혀 주며, 서로 대립되는 오행은 소통을 시키고, 병(病)들어 있는 사주는 치료를 해 주는 역할을 하는데, 크게 다섯 가지 용신이 있습니다.

먼저, 전왕용신(專旺用神)은 사주가 일간과 같은 오행이거나 일간을 생(生)하는 오행으로만 구성되어 사주가 너무 강하면(太旺) 억제하는 것이 불가능하니 그 왕성한 세력을 따라가는(從) 것을 말합니다. 또, 일간의 뿌리가 없고(無根), 도와주는(生扶) 오행이 없어 사주가 너무 약하면(太弱) 소생이 불가하니, 일간을 버리고 강한 오행을 따라가는 것도 마찬가지입니다.

전왕용신(專旺用神)	용신
乙 甲 乙 甲 亥 寅 卯 子	• 갑(甲)목 일간에 비겁과 인성으로만 구성된 사주 • 일행득기격(一行得氣格) 중 곡직격(曲直格)에 해당 • 목(木)이 용신이고 수(水)가 희신

두 번째로, 억부용신(抑扶用神)은 말 그대로 강한 사주는 눌러 주거나(官), 남을 극(剋)하게 하거나, 힘을 빼 주고(洩氣), 약한 사주는 도와주어(生助) 오행이 중화(中和)될 수 있도록 해 주는 용신을 말합니다. 물이 출렁이지 않고 평평한 상태(子平)가 가장 좋은 상태라고 보듯이, 사주를 중화시키는 글자가 좋은 글자라는 것이죠.

억부용신(抑扶用神)	용신
辛 甲 乙 戊 未 辰 卯 寅	• 갑(甲)일간이 득령(得令) & 득세(得勢) • 인묘진(寅卯辰) 목국(木局)까지 있어 매우 신강한 사주 • 강한 힘을 억제하는 시간(時干)의 신(辛) 금이 용신

세 번째로 조후용신(調候用神)은 사주가 너무 한습하면 불(火)로 녹이고, 너무 조열(燥熱)하면 물(水)로 식혀 주는 것을 말합니다. 다시 말해 추운 겨울에 태어난 사주는 불(火)을 용신을 삼고, 뜨거운 여름에 태어난 사주는 물(水)을 용신으로 삼는다는 것입니다.

조후용신(調候用神)	용신
丙 戊 戊 庚 辰 子 子 戌	• 동짓달의 무(戊)토가 세력 하나로 버티고 있는 신약한 사주 • 춥고 약하니 일간을 도와주는 시간(時干)의 불(丙)이 용신

네 번째로 통관용신(通關用神)은 오행이 상극(相剋)의 관계에 있다면, 소통을 시키는 것이 용신이라는 것입니다. 예를 들어 사주가 금(金)과 목(木)이 잔뜩 들어 있어, 금(金)과 목(木)의 상극(相剋) 관계로 되어 있다면, 금생수(金生水) 수생목(水生木)으로 통관을 시켜 주는 수(水)가 용신이라는 것입니다.

통관용신(通關用神)	용신
己 丁 丙 丁 酉 酉 午 酉	• 불(火)과 금(金)이 대립하고 있어 둘 사이를 화해시킬 수 있는 특사가 필요 • 화생토(火生土) → 토생금(土生金)으로 통관시키는 시간(時干)의 기(己)토가 용신

마지막으로 병약용신(病弱用神)은 사주에서 용신을 극(剋)하는 것이 병(病)인데, 그 병을 극하는 것이 있으면 약(弱)이라는 것입니다. 예를 들어, 일간이 수(水)인데, 수를 생(生)하는 금(金)이 너무 많아 사주가 병(病)들어 있을 때, 사주에 금(金)을 극하는 불(火) 글자가 있다면, 그것이 바로 용신이라는 것입니다.

병약용신(病弱用神)	용신
甲 戊 辛 丙 寅 寅 卯 午	• 무(戊)토 일간이 실령(失令), 실지(失地), 실세(失勢)하여 매우 신약한 사주 • 일간을 극(剋)하는 목(木)이 병(病) • 목(木)의 기운을 빼 주고 토(土)의 기운을 돕는 년간(年干)의 병(丙)화가 용신인데 병신합(丙申合)으로 용신이 허약해짐

이와 같은 것을 토대로 사주에서 용신을 찾는 공식을 만들 수 있습니다. "지나치게 강한 놈은 그대로 놔두고(전왕), 사주의 강약을 먼저 따져 보고(억부), 온도를 살피며(조후), 싸우는 놈은 말리고(통관), 병든 놈을 찾아내라(병약)"라는 것이죠. 그런데 가장 기본이 되는 것은 억부법입니다. 억부법은 '강자억(强者抑), 약자부(弱者扶)', 다시 말해 '강한 사주는 눌러 주는 것이 용신이고, 약한 사주는 도와주는 것이 용신'이라는 것입니다. 이 억부법과 조후, 통관, 병약 용신을 찾는 법을 활용하면 85% 정도 되는 정격 사주의 용신을 찾을 수 있고, 나머지 15% 정도의 사주는 외격에서 용신을 찾는 방법을 통해 해결하면 되겠습니다.

사주에서 좋은 역할을 하는 용신이 되는 오행을 찾았다면, 그 용신을 중심으로, 나머지 오행들의 역할을 살펴볼 수 있습니다. 용신을 도와주는 오행은 희신(喜神)이라고 합니다. 반대로 용신을 극(剋)하는 오행은 기신(忌神)이라고 하고, 희신을 극하는 오행은 구신(仇神)이라고 합니다. 그리고 이랬다 저랬다 하거나 역할이 없는 것을 한신(閑神)이라고 합니다.

만약에 어떤 사주에서 목(木)이 용신이라면, 목(木)을 생(生)하는 수(水)는 희신이 되고, 목(木)을 극(剋)하는 금(金)은 기신(忌神)이 되며, 희신인 수(水)를 극(剋)하는 토(土)는 구신(仇神)이 되는데, 화(火)는 용신인 목(木)의 기운을 빼기도 하지만, 기신인 금(金)을 억제하기도 하니, 한편으로는 나쁘고, 한편으로는 좋은 작용을 해 한신(閑神)이 되는 것입니다.

 직장에서 보면, 나를 도와주는 사람도 있고, 훼방을 놓거나 나를 험담하고 다니는 사람도 있으며, 불가근불가원(不可近不可遠)으로 가까이하기도, 멀리하기도 어려운 사람도 있습니다. 내가 일을 탁월하게 잘하는 사람이면, 나를 도와주는 사람은 필요가 없고, 적당히 나를 견제해 주는 사람이 필요한 반면, 내가 아직 업무 능력이 부족하거나 직장 내에서 기반이 약하다면, 나를 지지해 주고 도와주는 사람이 필요할 것입니다. 그런 사람들이 직장 내에서 나의 용신(用神)이 되는데, 내가 어떤 상황이냐에 따라 호불호(好不好)가 갈리게 됩니다.

 사주도 마찬가지로 일간(日干)인 나의 상황에 따라 나머지 글자들 중 어떤 것은 용신(用神)이 되고, 어떤 것은 기신(忌神)이 되거나 한신(閑神)이 됩니다. 이를 육친(六親) 관계나, 대운(大運), 세운(歲運)에 대입하여 사주를 풀이하게 되는 것입니다. 예를 들어 내가 매우 신약한 사주일 때는 나를 도와주는 인성(印星)이나 비겁(比劫)이 용신(用神)이나 희신(喜神)이 되니, 그런 글자가 오는 운(運)이 되면 일도 잘 풀리고 돈도 많이 벌 수 있는 반면, 나를 극(剋)하거나 내 힘을 빼는 운이 오면 어려운 시기를 보내게 되는 것이죠. 이처럼 내 사주의 용신을 알아야 언제 내 운이 좋고 나쁜지 알 수 있고, 그에 맞는 대처를 할 수 있기 때문에, 사주에서 용신을 잘 찾는 법을 열심히 공부해야 하겠습니다.

용신과 육친

대기업을 상대로 경영컨설팅을 하든 일반인을 상대로 상담을 하든 그 프로세스는 거의 동일합니다. 먼저 현상과 문제점을 파악하고 이어서 개선안이나 대안을 제시하는 것이죠. 경영학의 아버지 피터 드러커 박사는 "측정할 수 없으면, 개선할 수 없다(If you can't measure it, you can't improve it)"라는 유명한 말을 남겼습니다. 목표를 세우고 개선 활동을 전개하기 위해서는 현재 수준을 아는 것이 먼저라는 말입니다.

아이를 서울대에 보내기 위해서는 그 아이 성적이 현재 어느 정도 되는지를 알아야 합니다. 수능에서 만점에 가까운 점수를 맞아야 서울대에 지원할 수 있는데, 현재 그 아이 수준도 모르고 서울대를 이야기할 수는 없습니다. 만점을 목표로 잡는다면, 현재 아이의 수준이 어떤지를 알아야, 몇 점 정도를 더 올려야 하는지 알 수 있고, 공부 환경을 바꾸고, 공부 방법을 개선하고, 독서 습관을 길러야 한다는 등 대책을 세울 수 있게 됩니다.

사주도 마찬가지입니다. 먼저 전체 사주의 상태를 다각도로 분석한 후, 이어서 이런저런 이야기를 하게 됩니다. 전체적인 사주의 구성과 기(氣)의 흐름은 어떤지, 일간이 무엇이며 상태가 어떤지, 일간의 향배, 다시 말해 일간이 어느 쪽으로 합을 하거나 어느 쪽을 향해 가는지, 특히, 일간의 뿌리가 되는 월지는 무엇인지, 합(合) 충(沖)의 변화, 신살(身殺) 등을 살펴보는 것이 사주를 분석하는 일이라면, 이렇게 저렇게 하는 것이 좋겠다 등의 조언을 하기 위해 찾아야 할 것이 용신(用神)입니다. 한마디로, "당신은 이런 사람이군요"라고 말하기 위해 필요한 것이 사주 분석이라면, "당신은 이렇게 하면 좋겠소"라고 말하기 위해 찾아야 할 것이 '용신'입니다.

용신(用神)은 사주에서 나에게 도움이 되는 좋은 역할을 하는 보약과 같은 글자인데, 용신이 일간(日干)의 무엇이 되느냐가 중요합니다. 용신이 일간의 무엇이 되느냐는 일간에서 볼 때 용신에 해당되는 글자가 육친(六親)으로 볼 때 무엇에 해당되느냐와 같은 말입니다. 그 육친의 특성에 따라 사주 당사자에게 좋은 방위, 숫자, 색깔, 직업, 인간관계를 파악할 수 있으며, 대운(大運), 세운(歲運)의 좋고 나쁨 등도 알 수 있습니다.

앞서 살펴보았듯이, 오행(五行)의 상생(相生)과 상극(相剋)의 관계를 인간관계에 대입하여 육신(六神), 또는 육친(六親)이라고 부르며, 총 10가지가 있어 10성(十星) 또는 10신(十神)이라고도 부른다고 했습니다. 일간인 나를 중심으로, 나와 같은 오행이면 비견(比肩), 겁재(劫財), 내가 생(生)하는 오행은 식신(食神), 상관(傷官), 내가 극(剋)하는 오행은 편재(偏財),

정재(正財), 나를 생(生)하는 오행은 편인(偏印), 정인(正印), 나를 극(剋)하는 오행은 편관(偏官), 정관(正官)으로 부르는데, 육친(六親)은 각각 의미하는 바가 다릅니다.

첫째, 비겁(比劫), 비견(比肩), 겁재(劫財)가 용신인 경우는 신약해서 같은 레벨에 있는 형제자매나, 친구, 동료가 귀인(貴人)이 되는 사주라는 것을 알 수 있습니다. 따라서 우선은 내가 살고 보는 것이 먼저라는 생각이 깊고 의타심이 강하며 다른 사람에게 기대어 덕을 보려고 하거나 이용하려는 성향이 있다고 할 수 있습니다. 부모덕이 없고 자수성가형입니다. 신약하니 마음은 여리지만, 고집이 세고 지기 싫어하고 독선적이며 사교성이 부족합니다. 따라서 고용직보다는 기자, 작가, 대리점, 소개업이나 중개업 같은 독립적인 직업을 갖는 것이 좋고, 특히 겁재인 경우는 동업을 해서는 안 되겠습니다.

두 번째, 식상(食傷), 식신(食神), 상관(傷官)이 용신인 경우는 신강한 사주로 총명하고, 명랑하며, 관대하고, 돈이나 물건을 선선히 잘 내놓는 기질이 좋습니다. 베푸는 것을 좋아하니 교육, 예술, 종교, 요식업, 유흥업, 서비스업 등의 직업이 적격입니다. 식상으로 돈을 버는 생재(生財) 구조면 좋은데, 그렇지 못한 경우, 노력한 것에 비해 소득이 적습니다. 식상이 용신인 여성은 식상이 자식이니 자식을 끔찍하게 아끼고 챙기지만, 식상은 관을 치니 남편에게는 소홀하거나 남편복이 없기 쉽고, 남성의 경우 상관은 관을 상하는 것이고 남성에게 관은 자식이기도 하니 직장이나 자녀 문제가 생길 수 있습니다.

세 번째, 재(財), 편재(偏財), 정재(正財)가 용신인 경우는 근면, 성실하고, 부지런하며 돈에 대한 집착이 강하며, 남성의 경우 재는 애인이나 처를 의미하니 여복(女福)이 있고 가정적이라고 하겠습니다. 편재의 경우에는 투기성이 강하고 다정다감하고 색을 밝히고 솔직하고 선심도 잘 쓰며 상공업, 금융업, 투기, 돈놀이 등의 직업에 어울리는 반면, 정재일 때는 신용이 높아 재정, 금융, 돈놀이 직업이 잘 어울리지만 투기는 불가합니다. 종재격 사주는 대운이 좋으면 받으면 크게 성공하지만, 재다신약격 사주와 마찬가지로 돈에 너무 집착하고 인색하며 오로지 돈밖에 모르는 경우가 많습니다.

네 번째, 관(官), 편관(偏官), 정관(正官)이 용신인 경우는 명예욕이 강합니다. 사업보다 직장이 좋고, 집보다 직장이 우선이며, 법을 잘 지킵니다. 편관은 총명하고 용감하며 과단성이 있지만, 성급하고 포악하고 저돌적이니 무관 성향의 직업군인, 경찰, 검찰, 청부업자, 건축업 등의 직업이 좋습니다. 정관은 공정하고 정직하고 신용과 덕망이 높고 근면, 성실, 검소하고 세밀하며 품행이 단정하니 문관 성향의 행정직 공무원, 기술직, 성실을 요구하는 직업이 좋습니다. 관(官)은 남성에게는 자식, 여성에게는 남편을 의미하니 관이 용신인 사주의 남자는 자식이 우선이고, 여자는 남편 없이는 못 산다고 할 수 있습니다.

다섯 번째, 인성(印星), 편인(偏印), 정인(正印)이 용신인 경우는 체면을 중시하고, 예의가 바르며, 인성은 계모나 모친을 의미하니 엄마 덕이 크다고 하겠습니다. 책 속에 길이 있으니 공부하고 윗사람 말을 잘 들으면 자다가 떡이 생긴다고 할까요? 인성의 성정은 학문, 교육, 지식, 문화, 문서, 부동산, 종교이니, 인성이 용신이면 그런 쪽 직업을 갖는 것이 좋습니다. 편인은 민첩하고, 계산적이며, 재치와 순발력이 있습니다. 학문, 문화, 예술, 의술, 역술, 간호사 계통의 직업이 좋습니다. 정인은 온화하고, 자비심이 강하니 학자, 문인, 교육, 언론, 출판, 문화, 문방구, 의류, 수예, 가구 계통의 직업이 좋습니다.

이처럼 사주의 용신이 육친으로 무엇에 해당되느냐에 따라 성격이나 직업, 사람, 운(運) 등이 다르게 작용합니다. 용신운이 오면 성공과 발전이 따르고, 용신이 상처를 받는 운이 오면 실패와 좌절이 생깁니다. 예를 들어 재성이 용신일 때 재성운을 만나면 부친의 건강이 좋아지고 부친 덕을 보게 되고, 처의 도움으로 발복(發福)하게 되며, 재물운이 들어오니 사업도 잘되고 재물도 늘어나게 됩니다. 반대로 재성인 용신을 극하는 운이 오거나 비겁(比劫)운이 오면 군비쟁재(群比爭財)가 되어 손재나 파산을 당하고 부친과 처에게 좋지 못한 일이 생기거나 손재, 여자 문제, 형제, 친구, 동료의 배신으로 인한 고통 등이 생길 수 있습니다.

사주를 분석하고 용신을 찾아내서 해석하는 데 있어 가장 기본적인 것은 육친의 특성을 잘 이해하는 것입니다. 사주 해석은 기본 틀에서 하는 것이지 특별한 비법이 있는 것이 아닙니다. 사주에서 용신이 무엇이냐에 따라 사주 당사자의 성향이 나타나고, 용신이 되면 거기에 집착을 하게 됩니다. 관성이 용신이면 관에 집착을 하고, 재성이 용신이면 재물에 집착을 하게 되는 것처럼 육친의 성정이 그대로 나타나게 됩니다. 결국 사주풀이가 난해하고 힘든 일 같아도, 음양오행과 오행의 상생(相生) 상극(相剋) 작용을 잘 이해한다면 그렇게 어려운 일은 아닙니다. 모든 일이 그렇듯이, Back to the Basic! 사주 기초 지식을 잘 쌓아야 하겠습니다.

4부
나와 가족들

나는 어떤 사람인가

우리나라에서 태어난 사람들은 출생신고를 하자마자 국가로부터 '주민등록번호'라고 하는 자신만의 숫자를 받게 됩니다. 주민등록번호 중 앞의 6자리는 출생한 연도와 월, 일을 나타내며, 뒤에 있는 7자리는 성별(1자리) + 출생지역번호(4자리) + 신고 당일 접수번호(1자리) + 검증번호(1자리)를 나타냅니다. 2021년 10월부터는 주민등록번호 뒤 7자리 중 성별을 나타내는 첫 자리를 제외한 나머지 6자리가 임의번호로 바뀝니다. 지역차별이나 새터민에게 주민등록번호를 부여할 때 발생하는 문제점들을 해결하기 위하여 주민등록법 시행규칙을 변경했기 때문인데, 기본 13자리 숫자 체계는 유지가 되는 것이죠.

사주(四柱)는 '몇 년, 몇 월, 며칠, 몇 시에 태어난 사람이냐'를 나타내는데, 60갑자(甲子) 중 4개의 간지(干支), 8개의 글자로 구성됩니다. 주민등록번호는 숫자로 되어 있어 초등학생도 쉽게 알아볼 수 있지만, 사주는 한자(漢字)로 쓰고, 각 글자가 함의(含意)하는 내용이 너무 많아 도대체 뭐가 뭔지 알 수가 없습니다. 그래서 누군가 사주를 해석해 줄 사람이 필요합니다. 사주를 풀이하는 것을 '통변(通辯)'이라고 하는데, 말이 통하지 않는 사람 사이에서 뜻이 통하도록 말을 옮겨 준다는 뜻입니다. 사주는 틀림이 없지만, 통변하는 사람에 따라 해석이 달라지기도 합니다. 많은 공부와 다양한 경험이 필요한 이유입니다.

그럼 통변은 무엇부터 해야 할까요? 가장 먼저 해야 할 일은 '사주의 주인공이 어떤 사람인가' 살피는 것입니다. 성격, 특징, 마음씨 같은 것들입니다. 사람마다 신체적, 환경적 특성이 다르기 때문에 성격도 다 다릅니다. 성격이 좋은 사람도 있고, 특이한 사람도 있고, 무난한 사람도 있습니다. 성격 때문에 갈등이 가장 많이 생기는 곳이 바로 가정입니다. 서로의 애인으로 사랑할 때는 잘 몰랐지만, 막상 결혼을 하고 남편과 아내로 살아 보니 '이게 아닌데' 하는 생각이 들면 불화가 생깁니다. 그리고 그것이 깊어지면 끝내 이혼을 할 수도 있습니다. 그러고 나서 말하죠. '성격 차이' 때문에 헤어졌다고….

도대체 '성격'이 무엇이길래 이혼 사유의 대명사가 된 것일까요? 일반적으로 성격은 한 사람을 특징짓는 지속적이며 일관된 행동양식을 말합니다. 그런데 '성격' 외에 '성품'이나 '성질' 같은 단어도 자주 사용되고 있습니다. "그분은 참 성품이 훌륭한 분이야", "그 친구는 참 성질이 더러워"처럼 말이죠. 성격을 좀 더 고상하게 이야기할 때는 '성품'이라고 하고, 조금 낮춰서 말할 때는 '성질'이라고 하는 것 같습니다. 성질은 사람이 지닌 마음의 본바탕을 말합니다. 그것이 일관성을 가지면 '성격', 한 차원 높게 승화되면 '성품'이 되는 모양이니, 성품은 높임말이고 성격은 예사말이며 성질은 낮춤말 같습니다.

흔히 쓰이는 '성격'을 분류해 보려고 하는 시도들이 많습니다. 대표적인 것 중 하나가 혈액형에 따른 분류입니다. A형은 소심하고 B형은 바람둥이며 AB형은 천재 아니면 바보고 O형은 야심가라는 것이죠. 이와 같은 혈액형 성격설은 과학적인 근거가 없고 인간 차별을 부추긴다는 비판을 받고 있습니다. 요즘은 MBTI, DISK, 에니어그램처럼 비교적 근거와 설득력을 갖춘 성격유형 테스트들을 활용해 자신의 성격을 알아보는 방법도 많이 나와 있으니, 이를 활용하는 편이 낫다고 보입니다. 그런데 지구상에 사는 사람 숫자만큼의 성격이 있을 것이니, 아직 완벽한 성격 진단 프로그램은 없다고 생각됩니다.

통변을 할 때 성격은 일간(日干)을 중심으로 보게 됩니다. 일간이 어떤 오행(行)인지, 양(+)의 오행인지, 음(-)의 오행인지, 사주 전체적으로는 양의 글자가 많은지, 음의 글자가 많은지 파악하여 음양과 오행의 특징을 적용하여 성격을 풀이하는 것입니다. 예를 들어 일간이 을(乙)목이고 사주 전체에 음(-)의 글자가 더 많다면 "이 사람은 음(-)의 성향이 강하니 다소 소극적, 계산적, 현실적이고 을(乙)목은 비비고 감고 올라가는 성향이 있으니, 의지하려는 마음, 남을 걸고넘어지려는 마음이 있고, 의심이 많고, 어려운 환경도 극복하고 잘 적응을 하니 의지가 강하겠구나"와 같이 추측할 수 있습니다.

일간(日干)과 일지(日支), 다시 말해 일주(日柱)가 무엇인가를 보고 판단할 수도 있습니다. 예를 들어 같은 을(乙)일간이지만, 을묘(乙卯)일주와 을유(乙酉)일주는 다릅니다. 을묘(乙卯)일주는 비견(比肩)을 깔고 앉자 천간(天干)과 지지(地支)가 똑같습니다. 이런 일주를 '간여지동(干與支同)'이라 하는데, 천간은 의지이고 지지는 행동이라고 보면, 의지와 행동이 일치하니 에너지가 넘칩니다. 이런 일주들은 대체로 자기주장이 강하고 고집도 세고 타협을 모릅니다. 반면 을유(乙酉)일주는 절지(絕地)인 유(酉)금 위에 앉아 힘이 없으니, 대체로 조용하고 세밀하며 생각은 많고 활동력은 약하며 고독한 특징이 있습니다.

일간이나 일주를 통해 성격이나 특징을 판단하는 것은 매우 기본적인 것이고, 더 중요한 것은 사주 전체를 보는 것입니다. 사주에 있는 합(合)이나 충(沖), 신살(神煞) 등 다양한 상황들을 통해 사주 당사자가 어떤 사람인지 알 수 있습니다. 예를 들어 사주에 합(合)이 많은 사람은 관심을 여러 곳에 두고 있으니, 정신이 산만하고, 정(情)에 헤프다고 할 수 있습니다. 사주에 충(沖)이 많으면 갑자기 '욱'하며 성질을 잘 부리는 경향이 있고, 신살이 천간에 발동해 있으면 그 영향이 커서 성격으로 나타납니다. 남을 원망하고 미워하는 원진살(怨嗔煞)이 발동해 있는 사주는 예의가 없고 모가 난 성격이기 쉽습니다. 이런 여러 가지 것들을 고려하여 성격이나 특징을 파악하는데 실제 사주를 몇 가지 살펴볼까요?

여자			
乙	己	辛	己
丑	丑	巳	未

이 사주는 신강(身强)하고 축(丑)을 깔고 앉았으니 황소 같은 고집이 세고, 년월지(年月支)에 사오미(巳午未) 화국(火局)이 있어 화(火) 기운이 강하니 불같이 급한 성격의 소유자입니다. 년간(年干)의 을(乙)목이 나를 극

(剋)하는 것을 막아야 하니 신(辛)금의 도움이 필요합니다. 원래 이 사주에서 신(辛)금은 식신(食神)이라 고운 입이지만, 이런 경우는 독설, 험구가 심하니, 말도 거칠고 지는 것을 죽어도 싫어하는 성격이 되었습니다. 축(丑)은 소(牛)고 영기(靈氣)가 강한 동물이라 이 여자도 예지력이 매우 발달했고, 미신을 좋아합니다. 이 사주에서 돈은 물(水)인데, 축축(丑丑)으로 돈(水)의 고장지(庫藏支)를 깔고 앉아 돈에 대한 집착이 강해 돈만 생기면 바로 은행으로 달려갑니다.

	남자		
壬	癸	甲	戊
子	酉	子	子

이 사주는 재성(財星)이 없으니 합신(合神)인 무(戊)토가 처가 되는데, 무(戊)토는 강한 계(癸)수와 합하면 합거(合去)되고, 강한 갑(甲)목에 얻어맞는 형상이라 부부 불화가 심합니다. 처가 되는 무(戊)는 도화살(桃花煞) 위에 앉아 있고 물상법으로 보면 산 그림자가 물에 비치는 상(象)이라 처가 미인이고, 현모양처 같은 사람입니다. 처를 괴롭히는 갑(甲)목은 이 사주에서 상관(傷官)이니, 이 남자가 독설과 험구로 끊임없이 처를 괴롭힙니다. 더구나 자유(子酉) 귀문살(鬼門煞)이 3개나 있어 성격이 아주 못됐습니다. 처가 독실한 신앙에 의존해 살아가고 있습니다.

	여자		
辛	乙	戊	壬
巳	巳	申	辰

이 사주는 년주(年柱)와 월주(月柱) 사이에 4급 소용돌이가 있습니다. 초년에 집안에 풍파가 있고, 진로 장애를 겪고, 폭발적인 성격이 있다는 이

야기입니다. 더구나 편관(偏官)인 신(辛)금이 바짝 붙어서 극(剋)을 하고 있고, 사신(巳申)형살과 진사(辰巳) 지라살(地羅煞)도 중첩이 되니, 심하게 모가 난 성격이라 매우 신경질적이고 말도 밉살맞게 합니다. 신(申)금이 남편인데, 시간(時干)에 신(辛)금이 있어 부부가 해로하기 힘든 사주인 데다, 성격도 이 모양이라 그런지 결국 청상과부가 되었습니다.

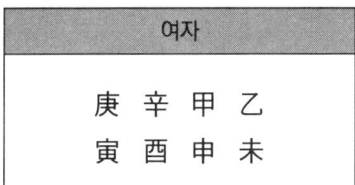

이 사주는 매우 신강(身强)하지만, 설기(洩氣)시켜 줄 수(水)가 없어 신중하고, 말수가 적은 편입니다. 입이 무거운데, 가끔 충동적으로 함부로 말을 내뱉는 경향이 있습니다. 일지(日支)에서 경(庚)금, 겁재(劫財)가 솟았으니 시기심이 매우 많고, 열등감도 많습니다.

사주에 비겁(比劫)이 많고, 특히 일지(日支)에서 겁재(劫財)가 투출한 경우에는 이중인격자가 많습니다. 이 여자도 속을 알 수 없는 성격이고 이중성을 지녔습니다. 속내를 드러내지 않으려고 무척 노력합니다. 일지에서 솟은 경(庚)금은 겁재(劫財)고 탐심인데, 재성(財星)인 을(乙)목을 저 멀리서 합(合)해 오니 도둑 심보가 있습니다. 절친한 친구를 속이고 돈세탁을 하다가 들켜 몇십 년 우정이 깨진 일도 있었다고 합니다.

요즘은 내적인 성격보다 겉으로 보이는 이미지를 중시하는 세상입니다. 케네디는 닉슨과의 대통령 선거 토론을 앞두고 마치 미인대회에 참가한 것처럼, 매력적으로 꾸미고 연기하는 데 집중했다고 합니다. 못생긴

닉슨에 비해 자신을 돋보이게 하는 방법을 찾은 것이죠. 영화 「관상」에서 송강호는 말합니다. "머리는 하늘이니 높고 둥글어야 하고, 해와 달은 눈이니 빛나야 하며, 이마와 코는 산악이니 보기 좋게 솟아야 하고, 나무와 풀은 수염이니 맑고 수려해야 한다. 이렇듯 사람의 얼굴에는 자연의 이치 그대로 세상 삼라만상이 담겨 있으니 그 자체로 우주이다"라고 말이죠.

마키아벨리는 "사람들은 당신이 어떤 사람인 것처럼 보이는가는 알지만, 실제로 당신이 어떤 사람인지를 아는 사람은 없다"라고 말했습니다. 실체보다는 포장을 잘해야 한다는 이야기입니다. 그래서 강남역 주변에 그렇게 많은 성형외과가 있고, 취업 준비생들의 필수 코스가 되었는지 모르겠습니다. SNS상에는 '나 예쁘지?', '나 잘생겼지?', '나 이런 데 살아', '나 이런 것 사서 입고, 이런 것 먹고, 이런 것 사용하는 사람이야' 같은 자기 과시성 사진들이 넘쳐납니다. 다른 사람들에게 잘 보이려고 하는 일이지만, 빈 수레가 요란하듯이 겉만 번지르르하고 정작 내실은 아무것도 없는 것 아닌가 싶기도 합니다.

만인의 연인이었던 오드리 헵번(1929~1993)은 인권 운동과 자선사업 활동에 뛰어들었고, 암 투병 중에도 아프리카를 방문하여 봉사활동을 펼쳤습니다. 직접 자신이 쓴 것은 아니라고 하지만, 자식들에게 유언처럼 남긴 글에서 "아름다운 입술을 가지고 싶으면 친절한 말을 하라. 사랑스러운 눈을 갖고 싶으면 사람들에게서 좋은 점을 보라. 날씬한 몸매를 갖고 싶으면 음식을 배고픈 사람과 나누라. … 네가 더 나이가 들면 손이 두 개라는 사실을 알게 될 것이다. 한 손은 너 자신을 돕는 손이고, 다른 한 손은 다른 사람을 돕는 손이다"라고 말했습니다. 눈부셨던 외모보다 더 아름다운 성품을 보여 주는 말입니다.

 우리나라에서 한때 잘나가던 연예인들 중에는 어떤 일을 계기로 실생활이나 인성이 드러나면서 소리 없이 사라진 사람들이 적지 않습니다. 너무 보이는 것에 치중해서 자신을 돌아보지 못했기 때문이겠죠. 반면, 수십 년 동안 TV에 등장하는 장수 연예인들도 있습니다. 잘은 모르지만, 자신을 최대한 낮추고, 남들을 최대한 띄우기 위해 노력한 사람들일 것입니다. '겉으로 드러난 외모나 이미지는 한순간이지만, 좋은 성품은 죽은 뒤에도 남는다'는 것을 역사가 말해 줍니다. 사주를 통해 자신의 성격을 돌아보고, 더 좋은 성격, 더 좋은 성품을 지닌 사람으로 거듭날 수 있도록 노력하면 좋겠습니다.

부모운

　부모가 있어 자식이 태어나고, 그 자식이 또 결혼을 하고 자식을 낳고, 세대를 이어가며 살아가는 것이 우리 인간의 모습입니다. 그런 가운데 혈연, 인연, 입양으로 연결된 일정 범위의 사람들로 구성된 집단을 '가족'이라고 합니다. "가족은 세계 속에 존재하는 유일한 안식처"라는 말도 있고, 『성공한 사람들의 7가지 습관』의 저자 스티븐 코비는 "만일 우리가 사회의 다른 모든 분야에서 최선을 다하면서, 가족을 등한시한다면, 그것은 가라앉고 있는 타이타닉호에서 갑판의 의자를 가지런히 정돈하는 것과 마찬가지가 될 것이다"라고 말했습니다. 그만큼 가족이 소중하다는 말입니다.

　앞서 언급한 '육친(六親)'은 가족 관계를 말합니다. 부(父), 모(母), 형제(兄弟), 자매(姉妹), 처(妻), 자(子) 6가지를 육친이라고 하는데, 모두 내 삶의 근거가 되는 소중한 사람들입니다. 그런 의미에서 가족이라면 당연히 서로 좋은 관계 속에서 살아가야 마땅한데, 그렇지 못한 경우도 많습니다. 서로 불화하고, 원망하며, 심지어 가족 간에 끔찍한 일이 벌어지기도 합니다. 영화 「소나티네」로 유명한 일본의 영화감독 기타노 다케시는 "누가 보고 있지 않으면 갖다 버리고 싶은 것이 가족"이라고 했습니다. 때로는 남만도 못한 것이 가족이기도 합니다. 왜 그럴까요? 사주를 들여다보면 많은 부분을 이해할 수 있습니다.

육친이 나한테 도움이 되는지는 어떻게 알 수 있을까요? 실제로 살아가면서 육친이 도움이 되지 않는 경우는 드물겠지만, 사주상으로는 가장 기본적으로 내 사주의 강약에 따라 달라집니다. 내가 강한 사주라면 굳이 다른 사람의 도움이 필요하지 않습니다. 내가 우량아 선발 대회에 나갈 수 있을 만큼 튼튼한데, 계속 우유를 먹이는 것과 같아 싫기 때문입니다. 반대로 내 사주가 약해 도움이 절실할 때는 나를 극하거나 내 힘을 빼거나, 내가 극하는 경우를 싫어합니다. 그렇지 않아도 약한데, 더욱더 내 힘을 빼기 때문입니다.

따라서 사주를 볼 때는 제일 먼저 사주 당사자가 어떤 사람인지 살펴보아야 합니다. 사주가 강한지 약한지, 격국(格局)은 무엇이고, 희용신(喜用神)은 무엇이며, 기신(忌神)은 무엇인지 찾아보는 것이죠. 그다음은 육친으로 대표되는 '가족관계'를 살펴보아야 하는데, 가족 중에서 가장 먼저 살펴볼 부분이 부모입니다. 부모는 나를 키워 주고, 세상을 살아가는 지혜를 알려 주는 역할을 하며, 오늘의 나를 있게 한 존재입니다. 육친으로 부친은 편재(偏財)이고, 모친은 정인(正印)에 해당되지만, 인성(印星) 전체를 부모로 보기도 합니다.

좀 더 구체적으로 말하면, 인성은 생아지신(生我之神), 다시 말해 나를 낳아 준 신(神)이나 부신지본(扶身之本), 나 자신이 스스로 살아갈 수 있도록 부축하고 도와주는 존재라는 뜻으로, 육친으로는 부모, 사회적으로는 스승이나 학문, 교육이며, 성격 측면에서는 양보심, 체면, 명예, 생각, 사상, 철학, 생활 측면에서는 매매, 계약, 결재, 증권, 문서, 서류를 상징합니다. 본인에게는 받아들이는 지식 습득 능력이고, 기본적인 에너지를 만드는 엔진이기도 합니다. 인성은 비견 겁재를 살찌게 만들고(印生我), 관성의 기운을 빼 주며(官生印), 행동과 표현력이 되는 식상을 극(印剋食)하는 역할을 합니다.

내 사주가 신약한 사주라서 나를 생조(生助)해 주는 인성이 희용신이 되면 부모복이 있고 학업운도 좋다고 할 수 있습니다. 그런데 인성이 나한테 도움이 되려면 인성 자체가 튼튼해야 합니다. 인성이 다른 글자와 합(合)해 감으로써 도움을 회피하거나, 공망을 맞거나, 나와 인성 간에 살이 끼거나, 인성이 강한 충극(沖剋)을 받고 있는 경우 등은 인성이 도움을 주고 싶어도 줄 수 없으니 부모복이나 학업운이 좋다고 할 수 없습니다. 그런데 내 사주가 신강하면 굳이 인성의 도움이 필요하지 않고 오히려 부담스러워집니다. 인성이 기신(忌神)이 되는 것이죠.

모친은 나를 낳으신 분이고 부친은 나를 기르신 분입니다. 부친은 육친으로 편재(偏財)인데, 편재는 사회적으로 재물이고 돈이며, 본인에게는 몸이고 음식입니다. 따라서 부친을 한마디로 말하면 '돈을 벌어다가 내 육신을 키워 주시는 분'인데, 편재가 희용신이 되면 부친 덕이 있다고 하겠습니다. 그런데 편재는 오행의 상생·상극관계상 내가 극(剋)하는, 다시 말해 내 힘을 빼는 것입니다. 내 사주가 강해 힘을 빼야 할 때는 도움이 되지만, 신약한 사주라면 도움이 될 수 없습니다. 또, 내가 신강한 사주라 하더라도, 편재의 상황이 좋지 못하다면 도움을 주고 싶어도 줄 수 없게 되니 사주가 어떻게 구성이 되어 있느냐가 중요합니다. 그럼 실제 사주를 한번 살펴볼까요?

여자			
甲	壬	丙	丁
辰	子	午	巳

이 사주는 오(午)월에 태어난 임(壬)수가 일간인 내가 됩니다. 일주 자체가 양인(羊刃)이니 완고하고 융통성이 없는 강한 사주인 것 같지만, 뿌리가 충(沖)을 받았고, 자진(子辰) 반수국(半水局)은 있지만, 자신을 생조(生助)해 줄 인성(印星)이나 비겁(比劫)이 약해 부모의 도움이 필요한 사주입니다.

부친은 누구일까요? 편재인 병(丙)화가 부친입니다. 병화 입장에서는 사(巳)중 경(庚)금이 여자이고, 병화의 뿌리가 되는 오(午)중 정(丁)화가 임(壬)수와 합하고 있으니 임수도 내 여자입니다. 임수가 여자이면, 자(子)수도 여자이고, 진(辰)중 계(癸)수도 여자, 더구나 자진(子辰) 반수국까지 있으니, 여자가 한 트럭이고, 바람기가 많은 아버지입니다.

그럼 내 엄마는 둘 중 누구일까요? 사(巳)중 경(庚)금은 내 입장에서는 편인(偏印)이고 멀리 있어 내 어머니는 아니고, 부친의 애인이거나 재혼한 부인입니다. 내 어머니는 부친의 뿌리가 되는 오(午)중 정(丁)화와 합하는 임(壬)수입니다. 임수가 나도 되고 엄마도 되니 모친이나 나나 운명이 비슷하게 흘러갈 것입니다.

두 분의 사이는 어떨까요? 또 월주(月柱)와 일주(日柱)가 천충지충(天沖地沖)하고, 물과 불이 부딪치는 형상이니 좋은 인연이 아닙니다. 부친 병화 입장에서는 모친인 임수가 나를 때리는 편관칠살(偏官七殺)이기도 합니다. 부부 사이가 좋을 수가 없습니다. 이혼을 하고 각자 재혼을 했습니다. 부친의 입장에서는 여자가 많아서 그런지, 모친과 이혼한 뒤에도 두 번 더 재혼을 했지만 역시 부부 사이가 좋지 못하다고 합니다. 부친 병(丙)화 입장에서 보면, 양인에다 불의 세력이 엄청 강해 성정이 대단하고, 물과 불이 싸우고(水火相剋) 있으니 누구를 만나도 원만할 수가 없습니다. 그래서 재혼에 재혼을 거듭해도 잘 살지 못하는 것입니다.

더구나 모친이나 부친이 모두 양인이라 부부간의 인연이 좋지 못합니다. 일간(日干)을 기준으로 갑묘(甲卯), 병오(丙午), 무오(戊午), 경유(庚酉), 임자(壬子)를 양인살(羊刃殺)이라고 하는데, 양인살은 '양(羊)을 베는 칼(刃)'을 의미하니 매우 강하다고 할 수 있습니다. 자존심이 강하고 대담한 성격에 통이 크고 남을 지배 통솔하려는 욕구가 강하며, 목표 의식이 뚜렷하고 의지도 강해 어떤 역경도 이겨 낼 수 있다고 할 수 있습니다. 어떤 분야든지 최고가 될 수 있는 자질을 타고났다고 할 수 있습니다.

하지만, 양날의 검은 잘못 다루면 자신을 해칠 수도 있습니다. 너무 강한 성정 탓에 독선적인 경향이 나타나는 것이죠. 쓸데없는 자존심과 고집

때문에 갈등을 유발하기 쉽고, 운이 나쁘면 사고를 당하거나 손재나 소송 등 문제가 생길 수도 있으며, 잘될 때는 크게 되지만 안 될 때는 하루아침에 쪽박을 차기도 하는데, 부부관계에 있어서도 마찬가지여서 인연이 나쁩니다. 특히 여성의 경우 지나친 고집과 강한 성욕 때문에 불화와 이별수가 있는데, 돈이 없으면 반드시 이혼을 하게 된다고 하니, 이런 여러 상황을 고려할 때, 이 사주의 부모는 이혼을 할 수밖에 없었고 부모덕이 크다고 할 수는 없을 것 같습니다.

부모와 자식 간의 정은 '천륜(天倫)'이라고 하는데, 하늘이 맺어 준 인연이기 때문에 한번 맺은 인연은 끊을 수가 없습니다. 부모가 잘났건 못났건 내 부모입니다. 부모의 은혜는 얼마나 클까요? 군대에 입대하여 유격훈련, 공수훈련같이 힘든 훈련을 받는 중, 교관들이 시켜 부르는 노래가 있습니다. "낳으실 제 괴로움 다 잊으시고, 기르실 제 밤낮으로 애쓰는 마음, 진자리 마른자리 갈아 뉘시며 손발이 다 닳도록 고생하시네." 훈련병 대부분을 울게 만드는 「어버이 은혜」 노래입니다. 입대 전 아무리 부모와 사이가 나빴다 하더라도, 그 순간에는 울지 않을 수 없습니다. 부모님께 잘못했던 일이 떠오르며, 미안함과 고마움이 북받쳐 오르기 때문입니다. 그 순간의 기억이 평생 갈 수만 있다면, 아마 우리나라에서 군대에 다녀온 자식들은 모두 효자일 수밖에 없을 것입니다.

어버이날 부르는 대표적인 노래이기도 한 「어버이 은혜」는, 자칭, 타칭 대한민국 인간 국보 1호로 불렸던 무애 양주동 박사께서 불교 경전 중 하나인 『부모은중경(父母恩重經)』을 빌려 가사를 짓고, 「섬집 아이」를 작곡

한 이흥렬 선생께서 곡을 붙인 노래입니다.『부모은중경』에서는 어머니가 아이를 낳을 때 3말 8되의 응혈(凝血)을 흘리고, 8섬 4말의 혈유(血乳)를 먹인다고 합니다.『부모은중경』은 그만큼 부모의 은혜가 크고 깊다는 것을 일깨워주고 그 은혜에 보답할 것을 가르치는 경전으로,『불설대보부모은중경(佛說大報父母恩重經)』이라고도 합니다.

『부모은중경』에서는 어버이의 큰 은혜 10가지(十大恩)가 있다고 합니다. 첫째, 자신을 돌보지 않고 자식을 품에 품고 지켜 주시는 은혜, 둘째, 해산날에 고통을 이기시는 은혜, 셋째, 자식을 낳고 나서야 비로소 근심을 잊으시는 은혜, 넷째, 쓴 것을 삼키고 단것을 뱉어 먹이시는 은혜, 다섯째, 진자리 마른자리 가려 누이시는 은혜, 여섯째, 젖을 먹여 기르시는 은혜, 일곱째, 손발이 닳도록 깨끗이 씻어 주시는 은혜, 여덟째, 먼 길을 떠나갔을 때 걱정하시는 은혜, 아홉째, 자식을 위하여 나쁜 일까지 마다하지 않으시는 은혜, 열째, 끝까지 불쌍히 여기고 사랑해 주시는 은혜가 그것입니다. 따라서 자식은 아버지를 왼쪽 어깨에 업고, 어머니를 오른쪽 어깨에 업고 세계의 중심에 솟아 있다고 하는 수미산(須彌山)을 수백, 수천 번을 돌더라도 그 은혜를 다 갚을 수 없다고 합니다.

그렇게 큰 부모의 은혜를 생각하면 부모님께 전화라도 자주 드려야 하는데, 바쁘다는 핑계로 그렇지 못한 경우가 많습니다. 농담 삼아 효(孝)자를 풀어 보면 토(土)요일에 한 번(丿)은 얼굴을 보여 주는 자식(子)이 된다는데, 겨우 명절 때나 한 번 얼굴을 비치는 정도니, 효도라고 할 수도 없는 효도 한 번 하기도 쉽지가 않습니다. '내리사랑은 있어도 치사랑은 없다'고 새끼들 챙기기 바빠 부모에게 소홀한 경우는 더 많습니다. 혹시라도 가난한 가정에서 부모의 도움을 많이 받지 못하고 자란 경우나, 부모 간에 불화가 심했던 가정에서 자란 경우는 물론, 도움을 많이 받고 자랐어도 조금만 서운하게 하는 상황이 오면 부모에게 앙심을 품고 나쁜 짓을 하는 사람들도 있습니다. 뭔가 부모에 대해 쌓인 감정과 원망이 있기 때문이겠죠.

그런데 세상에 완전한 인간은 존재하지 않습니다. '애초에 무슨 신성한 목적을 가지고 애를 낳는 것도 아니고 부모의 이기적인 욕망 때문에 애를 낳는다'라고 하며, '가난한데 애 낳는 것은 죄'라고, 주장하는 사람도 있습니다. 그런 식으로 따지면 돈 없으면 애를 낳아서는 안 되고, 성인이나 부자만 애를 낳아야 할까요? 자녀는 오로지 행복해야 하고, 고생 좀 하며 크면 안 되는 일일까요? 아이를 낳을 때는 부자였고 행복했지만, 그 후 여러 가지 이유로 사업이 어려워지고 소득이 줄어들고 부부 사이도 나빠지고, 심지어 이혼할 수도 있는 것이 인생입니다. 그리고 부모도 사람이라 부족한 점이 없을 수 없습니다. 살아가면서 부모덕이 부족하다는 것을 느낀다면, 스스로 일어나 성공하려는 독립적인 자세를 가다듬으면 그뿐입니다. 사주 속의 부모를 들여다보면, 부모 이전에 허물이 많은 한 사람, 한 사람 개별적인 존재로서 인간의 모습이 보입니다. 딱히 큰 효도는 못 해도 그 허물까지도 보듬어 사랑하는 마음을 갖는 것이 최소한의 자식 된 도리가 아닐까 싶습니다.

형제운

　형제는 같은 부모에게서 태어난 자식들이고, 한 집에서 같은 환경 속에서 성장합니다. '형제는 하늘이 내려준 벗'이라는 속담도 있는데, 친구에게도 쓰는 말이지만, 형제간의 두터운 정과 사랑을 '우애(友愛)'라고 합니다. '우애 깊은 형제'는 보기 좋고 듣기 좋은 말입니다. 의좋은 형제를 기러기가 가지런히 줄을 지어 날아가는 모습에 빗대 '안항(雁行)'이라고 하는데, 겨울 철새로 알려진 기러기는 역마살이 충만한 새입니다. 북극권에서 봄과 여름을 보내고 가을이 되면 먹이와 따뜻한 곳을 찾아 4만 km 이상을 날아가는데, 기러기가 V자 형태로 대열을 지어 날아가는 모습을 보면 교훈을 얻을 수 있습니다.

　톰 워샴(Tom worsham)의 『기러기 이야기』에 따르면, 맨 앞에 날아가는 리더 기러기의 날갯짓은 기류에 양력을 만들어 뒤따라오는 기러기가 혼자 날 때보다 71% 정도 쉽게 날 수 있게 만들어준다고 합니다. 기러기 떼는 먼 길을 날아가면서 '끼룩(Honk), 끼룩(Honk)' 하면서 맨 앞에 날아가는 리더 기러기에게 응원의 목소리를 보냅니다. 만약에 기러

중 한 마리가 다치거나 지쳐서 대열에서 이탈하면, 동료 기러기 두 마리도 대열에서 이탈해 그 기러기와 함께 날면서 원기를 북돋아 줍니다. 그 기러기가 다시 원기를 회복하면 함께 대열로 복귀하고, 그 기러기가 죽는 경우에는 마지막까지 함께 있다가 무리로 돌아옵니다. '형님 먼저! 아우 먼저' 하면서 날아가는 기러기 떼는 팀워크를 이루어 힘든 세상을 함께 헤쳐 나가는 우애 깊은 형제들의 모습과 같습니다.

충청남도 예산군 대흥면에 가면 기분 좋은 비석을 만날 수 있습니다. 고려 말에서 조선 초에 살았던 유명한 효자이자 우애 깊은 형제로 알려졌던 이성만, 이순 형제를 기리는 비석입니다. 이 형제는 부모가 살아 있을 때에는 맛있는 음식을 만들어 부모를 봉양하고, 친척들과 기쁘게 나누어 먹었고, 부모가 죽은 뒤에는 형은 아버지 묘를, 동생은 어머니 묘를 3년 동안 지켰다고 합니다. 형제간의 우애가 지극하여 아침에는 형이 아우의 집으로 가고, 저녁에는 아우가 형의 집으로 가서, 아침밥과 저녁밥을 같이 먹었으며, 한 가지 음식이 생겨도 형제가 함께 있지 않으면 먹지 않았다고 합니다.

이 형제를 모티브로 하여 만들어진 설화가 교과서에도 실렸던 「의좋은 형제」입니다. 그 내용을 요약해 보면, 한마을에 따로 농사를 지으며 사는 형제가 있었는데, 가을이 되자 추수를 하고 각자의 논에 볏가리를 쌓아 놓았습니다. 형은 동생이 결혼을 해서 새로 살림을 내서 쌀이 더 필요할 거라고 생각하고, 밤에 논으로 나가 자기 볏가리를 덜어 동생의 볏가리에 쌓아 놓았는데, 동생은 형이 식솔도 많으니 쌀이 더 필요할 거라 여겨 밤에 논에 나가 자기 볏가리를 덜어 형의 볏가리에 쌓아 놓았습니다. 이튿날 논에 나가본 형제는 깜짝 놀랐습니다. 분명히 지난밤에 볏가리를 옮겨 놓았는데 전혀 볏가리가 줄어들지 않았던 것이죠. 다음 날, 그다음 날 밤에도 형제가 똑같은 행동을 하다가, 중간에 서로 만나 볏가리가 줄어들지 않은 이유를 알고 눈물을 흘렸다는 이야기입니다.

기러기 떼나 의좋은 형제는 비견(比肩), 겁재(劫財)가 희용신(喜用神)이 되는 사주인가 봅니다. 사주상 형제는 비견(比肩)과 겁재(劫財), 묶어서 비겁(比劫)이라고 합니다. 일간이 갑(甲)일 때 갑(甲)은 비견이고, 을(乙)은 겁재입니다. 남자라면 나와 같은 음양을 쓰는 형, 동생이거나 음양이 다른 누나, 여동생을 말하죠. 나와 같은 피를 나눈 피붙이들이니 사주를 볼 때 부모 다음으로 살펴보아야 하는데, 기본적으로 비겁이 희용신이 되는 경우는 사주 자체가 신약해서 비겁의 도움이 필요한 경우입니다. 사주가 신강하면 굳이 비겁의 도움이 필요 없고, 오히려 내 여자와 재물을 탈취해가는 기신(忌神)이 되니, 비겁을 극제(剋制)하는 관(官)이나 재(財), 식상(食傷)이 희용신이 됩니다. 하지만, 사주는 구조를 전체적으로 살펴야지 신강, 신약만 가지고 판단해서는 곤란합니다. 실제 사주를 통해 형제운을 한번 살펴볼까요?

여자			
辛	丙	庚	甲
卯	午	午	午

사주에 양인(羊刃)이 많으면 몸이 약하거나 불구가 되기 쉬운데, 이 사주의 주인공은 사주에 양인이 많아 소아마비로 다리를 절고, 월지가 사오

미(巳午未)일 때는 묘(卯)와 미(未)가 급각살(急脚殺)인데, 시지의 묘(卯)에서 급각살이 년간에 갑(甲)목으로 발동되어 왕(旺)한 불에 타고 있으니, 정신력이 많이 부실한 편입니다. 이 사주는 불이 너무 많아 염상격(炎上格)으로 볼 수도 있는데, 불이 너무 많은 사주는 정서가 불안합니다.

형제는 자신이 불(丙)이고 지지에 또 불(午)이 셋이 있어 4남매입니다. 이 사주를 정격으로 보면 매우 신왕(身旺)하니 겁재(劫財)인 형제가 기신(忌神)이라고 하겠지만, 사주가 온통 불판이라 염상격으로 보면, 형제인 비겁(比劫)이 희용신(喜用神)이 되니 형제 운(運)은 무난하다고 하겠습니다. 많은 불 속에서 나 혼자 천간에 우뚝 솟았으니 군계일학이라 형제 중에서 가장 영리하고, 대운도 좋게 흘러 명문여고를 졸업하고 초등학교 교사가 되었으며, 형제 중에 인물도 제일 좋고, 사는 것이 가장 여유롭다고 합니다. 원래 사주에 겁재가 많으면 이중적인 면이 많고 시샘이 많은데, 이 사람도 공주병이 있고 이기적이며 저 잘난 맛에 살고 있다고 합니다.

	여자		
壬	庚	戊	壬
午	子	申	寅

이 사수는 원래 금왕지절(金旺之節)인 가을에 태어난 경(庚)금 일간에 월지가 록(祿)이니 건록격(建祿格) 사주입니다. 그런데 인신충(寅申沖)으로 년주(年柱)와 월주(月柱)가 서로의 장생지를 충(沖)해 일간의 뿌리(申)가 깨졌고, 일간 경금은 사지(死地)인 자(子) 위에 놓여 무기력합니다. 할 수 없이 사주에서 신자(申子) 반수국(半水局)에, 세력이 왕(旺)한 수(水)를 따라갈 수밖에 없는 종아격(從兒格) 사주로 바뀌었습니다. 이제 경(庚)금이

아니라 수(水)의 입장에서 사주를 바라보아야 하는데, 천간에 임(壬)수가 두 개 있고, 지지에 자(子)수, 그리고 신(申)중 임(壬)수까지 수(水)가 모두 넷이니 4남매가 됩니다.

이 여자의 형제운은 어떻게 봐야 할까요? 임(壬)수의 장생지는 신(申)인데 충(沖)을 받고, 옆에 있는 편관칠살인 무(戊)토의 극(剋)을 받아 언니가 40대에 뇌혈관 질병으로 세상을 뜨고 말았습니다. 월지 신(申)중의 임(壬)수도 마찬가지로 장생지가 충(沖)되고 무토의 극(剋)을 받으니 60대 초반밖에 안 된 오빠가 간질환으로 사망했습니다. 원래 사주에서 형제성인 신(申)에서 보면 인(寅)이 목(木)이고, 목은 간, 담을 상징하기 때문에 그렇게 된 것 같습니다.

이 사주는 원래부터 인신충(寅申沖)으로 형제궁이 깨져 있어 형제 덕이 없고, 오히려 형제가 내 돈을 축내는 형상입니다. 인(寅)은 나와 형제의 돈인데, 서로 가지려고 다투고 있으니, 형제간에 재물로 인한 고통이 많았다고 합니다. 종(從)한 후로 보더라도 자오충(子午沖)이 있어 형제(子)가 내 돈인 오(午)를 치고 있습니다. 원래는 사이가 좋았지만, 돈 때문에 언니와 갈등이 심했고, 그러다 보니 자매간의 우애에 금이 가고 말았다고 합니다.

원래 이 사주를 원래대로 보면, 경(庚)금이 약해서 건록(建祿)인 신(申)에 의지할 수밖에 없는데, 신(申)은 형제이니 형제에게 기대려고 하는 기질이 있는 것이죠. 그런데 건록이 다 깨져 있습니다. 도움도 되지 못하는 형제에게 기대려고 하다가, 오히려 더 큰 고통을 겪은 것이죠. 신약한 사주에 비겁인 형제의 도움이 필요하니, 형제가 희용신이 되는 것이 맞는데, 형제의 장생지(長生地)가 충극(沖剋)을 받아, 불행한 일들이 연달아 생기고 말았습니다.

부모 입장에서는 열 손가락 깨물어 안 아픈 손가락이 없듯이 모든 자식들에게 똑같이 정성을 쏟고, 자식들이 모두 잘 살기를 바라지만, 다들 사주가 달라 운명도 다릅니다. 드물지만 자식들 전부 성공해서 잘 사는 집도 있고, 자식들이 하나같이 어렵고 힘들게 살아가는 집도 있습니다. 나머지는 그 둘 사이 어디쯤에서 살아갑니다. 형제들 중 누구는 잘되고, 누구는 덜 잘되고 말이죠. 그런 가운데 "새해 복 많이 받아라"는 덕담에 "복 안 받아도 좋고, 있는 복이나 빼앗아 가지 않았으면 좋겠다"라고 농담 같은 답을 하는 것도 내 돈을 노리는 무서운 형제들 때문입니다.

그런데 인생에는 '선입선출(先入先出)' 법칙이 적용되지 않아 동생이 먼저 죽는 불상사가 벌어지기도 합니다. 신라시대 향가(鄕歌) 중에 월명사(月明師)가 지은 「제망매가(祭亡妹歌)」가 있습니다. 죽은 누이의 명복을 비는 노래인데 한자로 쓰인 것을 풀어놓은 글을 보면 이렇습니다. "죽고 사는 길 예(여기) 있으매 저히고(두렵고), 나는(누이) 간다 말도 못다 하고 가는가, 어느 가을 이른 바람에 이에 저에(여기 저기), 떨어질 잎다이(처럼) 한 가지(한 부모)에 나고 가는 곳 모르누나, 아으 미타찰(극락세계)에서 만날 내 도 닦아 기다리리라." 여동생을 먼저 떠나보낸 오빠의 슬픔과 인생의 무상함이 절절히 느껴지는 노래입니다.

황해도에 박규철, 박용철 형제가 살고 있었는데, 북한에 소련군정이 들어서면서 형만 월남하고 동생은 남은 상태에서 6.25가 터졌고, 형은 한국군, 동생은 북한군으로 참전하여 원주 치악고개에서 치열한 전투를 벌이던 중 극적으로 만나 서로 부둥켜안고 울었다고 합니다. 이 비극적인 사실을 모티브로 만들어진 영화가 「태극기 휘날리며」입니다. 형이 모든 희생을 감수하면서 동생을 지키기 위해 노력하다가 결국 자신은 죽고 동생은 살게 된다는 내용인데, 전쟁의 참혹한 실상에 치를 떨게 되고, 뜨거운 형제애(兄弟愛)에 감동의 눈물이 저절로 나오는 영화입니다.

전쟁도 갈라놓지 못할 만큼 강한 것이 가족 간의 사랑이고, 그중의 하나가 한 피붙이인 형제간의 사랑입니다. 형제는 원래 '동근생(同根生)'이라고 한 뿌리에서 나온 사람들입니다. 형제의 기쁨은 곧 나의 기쁨이고, 형제의 슬픔도 나의 슬픔이 됩니다. 의좋은 형제처럼 우애를 나누며 살아도 부족한 것이 인생인데, 요즘은 의좋은 형제가 점점 줄어들고 있습니다. 돈의 시대가 되면서 하느님을 대신해 그 자리를 차지한 돈 때문에 '의(義) 상한 형제들'도 많습니다. 돈 많은 부모는 서로 모시려고 하면서, 돈 없는 부모는 누가 모시냐를 두고 형제간에 혈투가 벌어지기도 합니다. 이제 돈이 혈연보다 중요해진 것일까요?

더 슬픈 것은 돈 때문에 출산율이 줄어들면서, 형제도 줄어든다는 것입니다. 우리나라 출산율이 1.0 밑으로 떨어져 회복될 기미가 보이지 않습니다. 2020년 우리나라 출산율이 0.84명이니 둘이 결혼해서 0.84명을 낳는다는 말이 됩니다. 결혼을 했어도 아이를 낳지 않는 가정이 늘어난 것이죠. 둘이 결혼해서 둘은 낳아야 인구가 유지되고, 둘은 있어야 형제라고 부를 수 있는데, 둘이 결혼해서 채 1명도 낳지를 않으니, 자녀가 있는 집이라도 외동딸, 외동아들만 있게 됩니다. '의 상할 형제'도 없는 것이죠. 언젠가 '형제'라는 단어마저 사라지고, '형제애'라는 감동의 원천마저 사라지지 않을까 걱정입니다. 어떻게 하면 좋을까요?

　형제애(兄弟愛)는 영화를 보고 눈물 흘리는 것으로 끝서는 안 될 것입니다. 형제애의 범위를 넓히면 인류에 대한 사랑, 만물에 대한 사랑이 됩니다. 모두가 형제라는 의미에서 '사해동포(四海同胞)', '사해형제(四海兄弟)'라는 말도 있습니다. 중국의 시인 도연명은 '태어나면 모두가 형제인 것을, 어찌 꼭 같은 핏줄이라야만 하랴'라고 말했습니다. 기독교에서는 교우들을 '형제님', '자매님'이라고 부릅니다. 세상을 살다 보면 형제 이상으로 친한 사람들도 생기기 마련이고, '의형제'를 맺는 사람들도 있습니다. 요즘 우리나라가 세계에서 1등 하는 분야가 빠르게 늘어나고 있는데, 열심히 일하는 당신 때문이기도 하지만, 우리나라 사람들 각자가 자신의 분야에서 최선을 다하기 때문입니다. 차 몰고 가다가 빵빵거리고, 끼어드는 사람을 보더라도, 형제애를 발휘하여 '저 친구도 내 형제고, 저 친구도 제 일을 열심히 하기 때문에 우리나라가 1등 된다' 생각하고, 너무 미워하지 맙시다.

부부운

'고슴도치의 딜레마'를 아시나요? 고슴도치 두 마리가 있었는데, 둘이 자주 마주치다 보니 서로 끌리게 되었고, 사랑이 더욱 깊어져 꼭 껴안았더니, 서로의 가시에 찔려 아프더라는 이야기죠. 사랑하지만 알 수 없는 두려움에 머뭇거리게 되는 '고슴도치'의 풋사랑을 넘어 진짜 사랑이 시작되고, 사람들은 드디어 '결혼'을 합니다. 애초에 '남남'이었던 두 사람이 '사랑'이라는 정서적 교감을 통해 '하나'가 되는 것이죠.

결혼식 때 성혼 선언을 하기 전에 주례가 던지는 질문이 있습니다. "검은 머리가 파뿌리 될 때까지 평생을 함께하겠습니까?"라는 것이죠. 이 질문에 대답을 안 하면 혼인이 성립이 안 되니까 신랑, 신부 모두 힘차게 "네"라고 대답을 합니다. 그렇게 답한 대로 평생을 행복하게 잘 살아낸 부부들이 참 많습니다. 부부는 '둘이 서로 반씩 되는 것이 아니라 하나로서 전체가 되는 것'이라고 하는데, 나무가 닿은 채로 오랜 세월이 지나다 보니 서로 붙어버린 '연리목(連理木) 같은 부부'라고 할까요?

황지우 시인은 「늙어가는 아내에게」라는 시에서 부부가 "세월이라고 불러도 될 기간을 함께 통과했고, 넥타이를 여며 주는 아내의 손끝에 세월이 역력하다"고 말합니다. 그리고 이제 남편으로서 할 일은 "아내와 더불어 최선을 다해 늙는 일"이라고 말합니다. 나이가 들고, 손도 늙었지만 여전히 그 손으로 남편의 넥타이를 매 주는 아내와 그 아내를 애잔하게 바라보는 남편의 모습이 연상됩니다.

한마디로 시(詩)는 글로 쓰는 그림입니다. 이 시의 주인공이 될 수 있음 직한 부부의 모습을 보고 싶으면, 영화 「님아 그 강을 건너지 마오」를 보십시오. 소박하지만 아름답게 늙어 내린 부부가 주는 감동이 얼마나 큰지 알 수 있습니다.

그런데, 살다 보면 온갖 것들이 부부 사이에 끼어듭니다. 우선 사람이 끼어듭니다. 결혼은 둘이 하는 것 같아도, 사실은 두 집안이 묶이는 것입니다. 나 혼자 살 때는 내 부모, 내 형제만 챙기면 되지만, 결혼을 하고 보니 배우자의 부모 형제까지 신경을 쓰며 살아야 합니다. 그리고 자녀가 태어나면 또 하나의 관계가 형성됩니다. 결혼 전보다 수평적, 수직적 관계의 범위가 적어도 두 배 이상 늘어나니 피곤합니다. 가장 좋은 것도 사람이지만, 가장 많은 스트레스를 주는 것도 사람이니까요.

부부 사이에 끼어드는 것은 사람만이 아닙니다. 직장이나 직업, 건강, 취미, 의식주, 금융, 부동산, 재테크, 자녀 교육 등 온갖 잡것들이 다 끼어들어 부부 사이를 힘들게 합니다. 인생의 항로는 죽음의 문턱까지 곧장

내닫는 디지털 길이 아니고, 직선과 곡선이 때로는 평탄하게, 때로는 위태롭게 이어지는 아날로그 길이어서, 온갖 풍상을 겪으며, 사랑하고 미워하고 다투고 화해하고 상처 주고 용서받으며 살게 되고, 그 사이 가랑비에 옷 젖듯이 온갖 고운 정, 미운 정이 다 들게 됩니다. 나중에는, '네가 나 같고, 내가 너 같은' 생각이 들고, 배우자에 대한 서운한 감정이 생겨도 나 자신과 먼저 적당히 타협할 줄 알게 되는 것이 부부입니다.

문정희 시인은 「부부」라는 시에서 부부는 무더운 여름밤에 서로 멀찍이 잠을 청하다가도 '윙' 하는 소리가 들리면 순식간에 합세하여 모기를 잡는 사이이고, 남편이 바르고 남은 밥풀 꽃만 한 연고를 바를 곳을 찾고 있을 때 아내가 주저 없이 배꼽 부근을 내밀어 주는 사이이며, 그 와중에 너무 많이 나온 신용카드 사용대금과 전기세를 함께 걱정하는 사이라고 했습니다. 어느 집에서나 흔히 볼 수 있는 부부의 모습이 떠올라 미소를 짓게 만듭니다. 평소에는 데면데면하지만, 무슨 일이 생기면 어쩔 수 없다는 듯이 서로의 편이 되어 주는 평범한 부부들의 모습이라고 할까요?

행복한 부부의 모습은 비슷합니다. 굳이 말하지 않아도 부모와 가족 친지들을 잘 챙기고 부부간에도 서로를 이해하고 아껴주고 의사소통이 잘 되고 스킨십도 자주 하고 애정이 넘치는 모습을 보입니다. 그보다 조금 못한 평범한 부부들은 "30대에는 마주 보고 자고, 40대가 되면 천장 보고 자고, 50대에는 등을 돌리고 자고, 60대가 되면 각방을 쓰고, 70대에는 서로 어디서 자는지 모른다"라고 합니다. 농담이지만 그다지 틀린 말도 아닙니다. 나이가 들수록 사랑이 식는다는 말인데, 사랑은 식어도 정(情)은 깊어지는 법입니다.

불행한 부부의 모습은 천차만별입니다. 무슨 일이든 손발이 맞지 않아 다투고 욕설과 폭력을 주고받고 심지어 생명에 위협을 가하고 배우자를 두고 부정을 저지르고 고부간에 불화하고 의처증, 의부증이 있어서 하는 일마다 배우자를 의심하고 술과 도박에 빠지고, 온갖 추악한 일들이 부부 사이에서 벌어지기도 합니다. 그냥 무난하거나 오누이처럼 사이가 좋았던 부부라도 하늘이 시기를 하면 배우자가 치명적인 질병이 걸리거나 생사가 갈리게 되면 불행해질 수 있습니다.

사주의 육친 관계상 남편 입장에서 처는 재(財), 처 입장에서 남편은 관(官)이 됩니다. 따라서 남성(ex 木)의 경우 재성(土)이 희용신이거나 배우자 자리인 일지가 희용신이면 처덕이 있고, 재성(土)이 기신이거나, 일지가 기신인 경우, 비겁(木)에 의해 극을 당하는 경우에는 처덕이 없습니다. 여성(ex 木)의 경우는 관살(金)이 희용신이거나 배우자 자리인 일지가 희용신인 경우, 약한 관살(金)을 인성(水)이 설기하고 있는데, 재성(土)이 인성(水)을 극하면 남편 덕이 있고, 관살(金)이나 일지가 기신인 경우, 식상(火)이 관살(金)을 극하는 경우, 비겁(木)과 인성(水)이 많고 관살(金)이 없는 경우는 남편 덕이 없다고 하겠습니다. 그럼 실제 사주를 통해 부부운을 살펴볼까요?

남자
丙 己 壬 丁 寅 丑 子 卯

이 사주는 자(子)월에 태어난 기(己)토 일간이 춥고, 신약하니, 일간을 생조(生助)해 주고, 몸도 따뜻하게 해 주는 시간의 병(丙)화를 용신으로 삼는 정재용인격(正財用印格) 사주입니다. 병(丙)화가 용신이면, 불을 끄는

수(水)가 기신(忌神)이 됩니다.

그런데 일간 기(己)토에서 보면 정재인 임(壬)수가 처인데, 임(壬)은 자(子)에서 올라왔으니 월주(月柱)인 임자(壬子) 전체가 처가 되며, 처가 용신의 병(病)이자 기신입니다. 한마디로 도움이 안 되는 처라는 말이죠. 게다가 옆에 있는 정(丁)화와 합(合)을 하고 있으니, 나에게 등을 돌린 형상이고, 정화와 합을 하면 사지(死地)인 묘(卯)로 가는 셈이니 이혼을 했습니다.

수(水)가 처가 되면, 축(丑) 중에 계(癸)수가 또 있으니 재혼녀로 볼 수 있지만, 계수는 자축합(子丑合)으로 흙탕물이 되고 말았습니다. 처성으로 보기 힘들어진 것이죠. 그러면 또 어디에 처가 있을까요? 시지(時支)인 인(寅) 중에는 무(戊)토, 병(丙)화, 갑(甲)목이 있으니 일간 기(己)토와 합(合)하는 갑(甲)목이 후처가 됩니다. 시간의 병(丙)화는 인(寅) 중에서 올라왔고, 이 사주의 용신이니, 후처는 나에게 좋은 역할을 하게 됩니다. 후처는 추운 대지를 녹여 나를 쓸모 있게 만들어 주는 고마운 사람인데, 병(丙)화는 이 사주에서 모친(正印)이기도 하니, 모친 같은 후처가 집안일도 잘하고, 보험설계사로 일해 살림에 많은 보탬을 주고 있다고 합니다. 전처에게서 버림받고, 후처에게서 광명을 찾은 남자라고 할까요?

여자			
丙	乙	丙	乙
戌	巳	戌	未

이 사주는 가을(戌)에 태어난 나무(乙)라, 늦가을에 단풍이 든 형상으로 물기가 없어 바싹 마른 나뭇잎 같습니다. 월지나 일에 뿌리가 되거나 생

조(生助)해 주는 글자가 없고, 년간의 을(乙)목은 멀어, 이 사주에서 가장 강하고, 일지(日支)에서 올라온 병(丙)화로 종(從)하는 종아격(從兒格) 사주가 되었습니다. 여린 나무(乙)가 강한 불(丙)로 바뀌었으니 여린 듯 강하고 고집이 있습니다.

병(丙)은 강하니 강한 힘을 설기(洩氣)하는 토(土)가 용신입니다. 병(丙)에서 보면 나하고 합(合)을 하고 있는 술(戌)토 중의 신(辛)금이 남편이 됩니다. 용신 속의 남편이라 어질고 착실합니다. 병(丙)에서 보면 신(辛)이 재성(財星)이라 아내 같은 남편인데, 내가 남편 같고, 남편이 아내 같은 형상이니 남편이 내 말을 잘 들어줍니다. 그런데 12지지로 술(戌)은 개(犬)고, 술 속에 있는 남편이라 그런지, 남편이 말수가 적고 속내를 잘 보이지 않습니다. 개집에 들어 있는 개가 항상 몸을 반쯤 내놓고 있을 때와 비슷합니다. 하지만, 쓸데없이 말 많고 탈 많은 남편보다 백배나 나은 남편이니 남편복이 좋은 여자입니다.

남자
丁 癸 戊 丁 巳 酉 申 酉

이 사주의 기(氣)의 흐름을 보면 년주와 월주, 일주와 시주 사이에 소용돌이가 돌고 있어 순탄한 삶이 못 되고 성질도 좋지 못하다는 것을 알 수 있습니다.

사(巳)대운(正財)에 배우자 운이 들어와 결혼했는데 지지에 사(巳)화의 사지(死地)가 두 개(酉, 酉)나 있어 결혼과 동시에 불화가 시작되었습니다. 무(戊)토는 처궁인 사(巳)에서 올라온 나의 합신(合神)이라 처의 기운이고, 일간 계(癸)수에서 무(戊)토는 관(官)이라 자식인데, 갑(甲) 대운에 들어서자 갑이 무(戊)토를 치니, 처자식이 모두 미국으로 도망을 가 버렸습니다. 처와 이혼 후 재혼을 했지만, 여전히 풍파 속에서 살고 있다고 합니다.

이 사주는 처도 되고 자식도 되는 무(戊)토를 무계(戊癸)로 합(合)해 사지(死地)인 유(酉)금 속으로 집어넣으려고 하는 구조라, 처자식 입장에서는 이 사람만 보면 죽도록 무섭고 두려워서 결국 이별을 하게 된 것이 아닐까 싶습니다. 갑(甲)대운의 갑은 계(癸)수 입장에서는 상관(傷官)이고, 내뱉는 것이니, 처자식에 대한 욕설, 험구가 심했을 것입니다. 평소에 이 사람이 자신의 사주를 알고 처자식에게 좀 더 따뜻하게 대해 주었다면 도망까지 가지는 않았을 것입니다. 결국 '성격이 운명을 만든다'라고 볼 수 있습니다.

잘못되어 돌아서면 '남만도 못한 것이 부부간의 정(情)'이라고도 합니다. 그런데 부부는 원래 남남이었습니다. 이 세상에서 남남이었던 두 사람이 '부부로 맺어질 확률'은 얼마나 되는지 계산해 볼까요? 이 세상 200여 국가 중 우리나라에 태어날 확률은 1/200입니다. 다시 남자, 여자로 태어날 확률이 1/2이고, 한 번은 같은 곳에 있어야 두 사람이 만날 수 있으니까 우리나라 1,000여 개 지역 중 같은 지역에 있을 확률이 1/1,000, 같은 지역에 살아도 볼 수도 있고 못 볼 수도 있으니까 다시 1/2, 만나도 호감을 느낄 수도 있고 아닐 수도 있으니까 또 1/2, 호감을 갖고 만났어도 결혼을 할 수도 있고 못할 수도 있으니까 다시 1/2, 이 모두를 단순 계산하면 320만분의 1, 그 외에도 수없이 많은 경우의 수를 생각하면 두 사람이 만나 결혼할 확률은 수천만, 수억, 수십억분의 1, 아니 셀 수도 없을 만큼 힘든 확률이 됩니다.

불교에서는 '부부가 되려면 칠천 겁의 인연이 쌓여야 한다'고 합니다. 겁(劫)은 어떤 시간 단위로도 계산할 수 없는 무한히 긴 시간을 말하는데, 하늘과 땅이 개벽한 이후 다시 개벽할 때까지의 시간이라는 뜻이라고 합니다. 1천 년에 한 방울씩 떨어지는 물방울이 집채만 한 바위를 뚫는 데 걸리는 시간, 또는 100년에 한 번씩 내려오는 선녀의 치맛자락이 바위를 닳아 없어지게 할 만큼 긴 시간을 의미한다고 합니다. 그렇게 오랜 시간 동안 인연이 쌓여야 비로소 부부가 된다고 하니, '뭣이 중헌디' 중에 으뜸이 부부의 인연인 것 같습니다.

5월 21일은 싱글들의 질투를 받는 '부부의 날'입니다. 2007년부터 법정기념일이 되었는데 세계 최초의 일이라고 합니다. 5월 21일에는 '가정의 달인 5월에 둘(2)이 하나(1)가 되자'라는 의미가 담겨 있습니다. 부부의 날 위원회에서는 부부가 백년해로할 수 있는 방법을 제안하고 있습니다. 결혼 70~80주년 이상이 된 세계 최장수 부부들과 인터뷰를 통해 나온 것들인데, '인내하며 다툼을 피하라', '칭찬에 인색지 말라', '웃음과 여유를 가지고 대하라', '서로 기뻐할 일을 만들라', '사랑을 적극 표현하라', '같이 즐기는 오락이나 취미를 만들라', '금연, 절주하고 건강을 지켜라', '서로 지나치게 의존하지 말라', '매년 혼약 갱신 선언을 하라', '부부교육 프로그램에 적극 참여하라' 등 10가지입니다. 다 지킬 수 있다면 좋겠지만, 이 중 몇 가지만 잘 실천해도 좋은 부부로 거듭날 수 있지 않을까요?

자식운

　추석 무렵이면 사람들은 부모를 찾아 고향으로 향하고, 연어 떼는 자신이 태어난 모천(母川)을 찾아 이동을 합니다. 연어 떼는 추석 전 고속도로에 꼬리를 물고 이어진 차량들과 같습니다. 명절 때 고향 가는 길은 항상 멀듯이, 연어 떼가 고향으로 돌아가는 길은 수천 km에 달하지만, 아무리 멀어도 반드시 그 길을 갑니다.

　우리나라 동해안 여러 강에서 방류된 연어는 바다로 나가 북태평양 먼 바다에서 성장합니다. 성어가 되고 산란기에 이르면 자신이 태어난 강으로 돌아와, 산란하기 좋은 장소를 찾아 강의 상류로 이동합니다. 산란을 위해 민물로 돌아오면 아무것도 먹지 않지만, 세찬 물살과 소용돌이를 극복하고, 3m 높이의 폭포도 뛰어넘습니다.

　산란지에 도착한 암컷이 수심이 얕고 물결이 잔잔한 자갈밭에 구멍을 파고, 그 속에 알을 낳으면 수컷은 정자를 뿌려 수정을 시킵니다. 이런 과정을 여러 차례 반복하고, 자갈로 알을 잘 덮어준 다음 연어들은 지쳐서 죽습니다. 산란도 못 하고 죽는 연어들도 있는데, 어선이나 낚시꾼 아니면 공장에서 배출된 오염물질 때문입니다.

부모 연어는 죽어서 숲을 이루고, 그 숲에서 새끼 연어들은 부화합니다. 봄날이면 목련꽃이 일제히 지듯이, 한꺼번에 죽고 마는 연어 떼의 죽음은 너무도 장렬하고 아름다워 '사람도 그와 같으면 좋겠다'는 생각까지 듭니다. 부모의 죽음으로부터 신생(新生)을 얻는 새끼 연어들은 결코 부모 얼굴과 마주하지 못하지만, 힘차게 큰 바다로 나갑니다. 그에 비하면 사람의 새끼는 낳고 나서도 제구실을 할 때까지 손이 많이 갑니다.

부모 마음이야 다 같아서, 정성을 다해 자식을 키우고, 항상 자식이 잘되고 건강하기를 바라지만 그렇지 못한 경우가 많습니다. 갈수록 환경이 오염되고, 생활습관은 나빠지고, 결혼도 늦어지고, 출산도 늦어지다 보니, 정상적인 아이가 태어나는 것만으로도 감사할 일이 되었습니다. 그 이상 바라는 것은 부모의 욕심일까요?

일단 태어난 자식은 내 자식이기에 앞서 개별적인 생명체입니다. 따라서 누구나 겪게 되는 생로병사(生老病死)의 고통과 마주하게 됩니다. 그 과정에서 어떤 자식은 늙어서도 더 늙은 부모를 기쁘게 해 드리기 위해 색동옷을 입고, 노래하고, 춤을 추는데, 어떤 자식은 부모에게 온갖 패륜을 다 저지릅니다. 어떤 자식은 건강하게 오래오래 살지만, 어떤 자식은 부모보다 먼저 세상을 떠나고, 어떤 자식은 이 세상에 나와 보지도 못합니다. 왜 그럴까요? 사주를 보면 나의 자식운을 알 수 있습니다.

육친(六親)상으로 자식은 남성에게는 관(官), 여성에게는 식상(食傷)에 해당되니, 사주에서 관이나 식상이 희용신(喜用神)이 되면 일단 자식운이 좋다고 할 수 있습니다. 관이나 식상은 강한 기운을 억누르거나, 설기하는 역할을 하니 관이나 식상이 희용신이 되려면 신강한 사주여야 합니다. 신약한 사주에서 관이나 식상은 오히려 내 힘을 빼는 기신(忌神)이 되기 때문이죠. 또, 사주의 구성이 나쁘거나, 자식궁이 공망(空亡)이 들면 무자식 또는 자식 애로가 많은 사주가 되니, 사주 전체 구성을 잘 살펴보아야 하겠습니다.

	여자		
丁	乙	丙	己
亥	亥	寅	亥

이 사주의 주인공은 초봄(寅)의 새싹(乙) 같은 여자입니다. 을(乙)목이 득령(得令), 득지(得地)하고, 년(年), 시(時)지에 생조해 주는 인성(印星)도 많아 매우 신강한 사주입니다. 사주가 온통 목(木)판이니 곡직인수격(曲直仁壽格)으로 볼 수도 있고, 신강한 기운을 설기해 주는 병(丙), 정(丁)화가 용신입니다. 곡직인수격에는 재(財)가 기신(忌神)이고, 용신인 불(火)을 끄는 수(水)도 기신(忌神)이라 부모덕은 없다고 할 수 있습니다.

남편 글자가 없으니 일지와 육합하는 월지 인(寅)이 남편이 됩니다. 인(寅)은 1월이고, 초봄의 남자라 두 살 연하인데, 나와 육합을 하고 있어 그런지 부부 사이가 매우 좋습니다. 얼른 보면 인해합(寅亥合)이 많아 남편이 바람둥이일 것 같지만, 바람도 피우지 않고 능력도 좋다고 합니다.

남편이 직장에 다니다 명예퇴직을 하고 오(午) 대운에 사업을 시작했는데, 그 대운에 100억대 재산을 모았다고 합니다. 주변의 물(亥)을 먹고 병(丙), 정(丁)화로 꽃을 피우는 형상이라 조경업으로 모은 돈을 부동산에 투자해 부자가 되었습니다. 대운(大運)도 사오미(巳午未)로 흘러 용신을 도와주니, 사업이 폭발적으로 성장했습니다.

　병(丙), 정(丁)이 자식인데 다섯을 낳았습니다. 위로 딸 셋을 낳고, 아들 둘을 낳았는데, 자식들이 용신이다 보니, 자식들 모두 효순(孝順)하고, 자식을 낳을수록 재물이 불어났습니다. 자식복이 많은 사주입니다.

여자
癸 壬 丁 甲 卯 申 丑 午

　이 사주는 년주(年柱)에서 시주(時柱)에 이르기까지 목생화(木生火)→화생토(火生土)→토생금(土生金)→금생수(金生水)→수생목(水生木)으로 기운(氣運)이 흐르는 주류무체(周流無滯) 사주로 매우 좋은 사주입니다. 일간 임(壬)수가 약하지 않고 재물(火)도 약하지 않습니다. 식상(食傷)도 왕(旺)해, 재(財), 관(官), 인성(印星), 식상(食傷) 다 살아 있는 드물게 보는 좋은 사주입니다.

　오(午)중 기(己)토가 남편인데, 남편의 자리 오(午)에서 올라온 정(丁)화와 합(合)을 하고 있으니, 부부 사이가 좋고 남편이 나만 보고 살아갑니다. 남편 정(丁)화에서 보면 나의 일지(申)가 돈이니, 나와 합(合)하면 돈이 따르는 형상이며, 나(壬) 입장에서는 남편의 기운 정(丁)이 역시 돈이니 남편도 나도 재수가 좋은 사람들입니다.

이런 부부 사주는 참 보기 힘든데, 자식복도 좋습니다. 일간 임(壬)수의 입장에서, 갑(甲)은 아들이고, 묘(卯)가 딸이며, 남편의 기운인 정(丁)화 입장에서는 임(壬), 계(癸)수가 자식인데, 문창성(文昌星)에 앉거나, 편인(偏印)을 깔고 앉아 머리가 좋고 공부도 잘해, 딸은 의사, 아들은 회계사가 되었습니다.

이렇게 자식복이 있는 사주들은 드뭅니다. 필시 전생(前生)에 나라를 구한 사람들이 아닐까 싶습니다. 대다수 사람들은 자식복이 그저 그렇거나 나쁩니다. 어차피 '잘되면 제 탓, 못되면 부모 탓'이라, 자식이 잘되든 못되든 그렇게 연연할 바는 아니지만, 힘들게 살아가는 자식을 보면서 마음 편할 부모는 아무도 없습니다.

남자			
己	戊	戊	戊
未	寅	午	子

이 사주는 뜨거운 여름(午)에다 인오술(寅午戌) 화(火)국에 오미합화(午未合火)까지 있어 메마른 사막(戊)과 같아, 물(水)의 도움이 절대적으로 필요합니다. 그런데 오아시스가 되어야 할 자(子)수는 왕(旺)한 불(午)에 의해 다 마를 지경이고, 자오충(子午沖)까지 있어, 쓸모없는 물이 되고 말았습니다.

일지(日支)에 있는 인(寅)목은 자식인데, 사막에서 고사(枯死) 직전인 선인장 같고, 시지(時支)의 미(未)중에 입고(入庫)되어 있으니, 자식 애로가 많은 무자식 사주입니다. 처의 나팔관이 막혀 임신이 되지 않는데, 다른 여자를 만나 봐도 자식이 생기지 않을 것 같습니다. 임(壬)대운에 사막에 가랑비가 내리는 형국이 되니 딸을 하나 입양했지만, 사주에 자식복이 없어서 그런지 딸이 잘 풀리지 않고 있습니다.

여자			
庚	壬	丙	甲
戌	子	子	午

이 사주는 양인격(羊刃格) 사주로 신강하니 강한 기운을 눌러 주는 토(土)가 희신(喜神)입니다. 자식인 갑(甲)목과 합(合)하는 오(午)중 기(己)토가 남편인데, 왕(旺)한 수(水)를 기(己)토로 막기가 어렵습니다. 자오충(子午沖)으로 기(己)토가 떠내려가고, 자(子)는 도화살이니 나의 바람기로 인해 가정이 깨지는 형국입니다.

희신인 술(戌)이 동(動)하는 술(戌)대운에 결혼을 하여 2~3년 동안, 아들, 딸 낳고 화목하고 행복하게 살았지만, 계(癸) 대운에 물이 넘치고, 도화살이 발동하니 바람을 피우다가 남편에게 걸려 이혼을 당했습니다. 고서(古書)인 『명리정종(命理正宗)』에 "양인(羊刃)이 많으면 황음(荒淫)하여 수치를 모를 정도"라고 했는데, 이 여자 사주가 꼭 그런 형상입니다.

갑(甲)이 자식성인데 뿌리가 없고, 사지(死地)인 오(午)에 놓였으며, 월간 병(丙)이 사신(死神)으로 발동되어 있습니다. 게다가 '시상(時上) 편인(偏印)은 자식에게 해롭다'라고 하는데, 시간에 편인인 경(庚)금까지 버티고 있습니다. 이 여자가 이혼하고 여러 해 뒤부터 자식들이 빗나가기 시작해 아들은 중졸로 그쳤고, 30이 훌쩍 넘은 나이까지 직업도 없고 눈까지 사시(斜視)가 되었으며, 딸도 도벽이 심했다고 합니다.

  자식운과 관련하여, 결혼 전에 자식을 갖는 사주, 결혼을 해도 자식을 두기 어려운 사주, 자식을 유산하거나 자식 낳다가 산모가 죽는 사주, 자식을 낳은 후 남편과 사별이나 이별할 사주, 자식이 불구가 되거나 죽는 사주 등 다양한 사주들이 있습니다. 만약에 자식이 이런 불행을 겪는다면, 부모도 자식과 똑같은 고통을 느끼게 될 것입니다. 자식은 커도 자식이고, 늙어도 자식인데, 부모로서 어떻게 하면 좋을까요?

  광주에 사는 유명한 역술인 중 한 분은 중년에 교통사고로 딸을 잃었습니다. 처음에는 너무 당황스럽고, 슬프고, 알 수 없는 분노가 치밀어 올라 주체를 할 수 없었는데, 자신과 딸의 사주를 다시 살펴보니 운명 앞에 고개가 숙여지더라고 합니다. 부모는 자신의 사주뿐 아니라 자식의 사주도 알아야 합니다. 사주를 통해 부모 자식을 떠나 인간 대 인간으로서 서로의 한계를 알고, 부족함 채우기 위해 서로 노력해야 되겠습니다.

  흔히 '부모는 자식의 거울'이라고 합니다. 자식들이 보고 배운다는 말이죠. 공자가 관리로 있을 때 아버지가 아들을 불효자라고 고소를 했더니 아들도 맞고소를 했습니다. 공자는 판결을 하지 않고 부자를 감옥에 가두어 버리고 외면했습니다. 아버지는 화가 치밀었지만, 좁은 감옥에서 아들과 함께 부대끼며 지내다 보니, '자식이 곧 자기 자신'이라는 사실을 깨닫고 고소를 취하했습니다. 공자는 국가가 나서 시시비비(是是非非)를 가리고, 아들에게 형벌을 내리기보다는, 두 사람이 서로 용서하고 부자간의 사랑을 회복하기 바랐던 것입니다.

　사주를 보다 보면, '자식복이 좋은 사주는 대체로 부부 운이 좋은 사주'라는 것을 심심치 않게 발견하게 됩니다. 부부 사이가 좋아야 좋은 자식이 태어나는 것 같기도 합니다. 옛날 엄마들이 속상할 때마다 "남편복 없는 년이 무슨 자식복이 있겠냐" 하며 한탄하는 소리를 들은 적이 많은데, 그 말도 맞는 말입니다. 엄마에게 함부로 하는 아버지에게서 자식이 무엇을 배울 수 있을까요? 자식 덕을 바라기 전에 먼저 행복한 부부가 되기 위해 노력해야 되겠습니다.

　그리고 또 한 가지는 '많이 베풀고 살아야 자식이 잘 풀린다'는 것입니다. 사주에 편인(偏印)이 강하거나 재다신약격(財多身弱格)인 사람들은 인색하고 이기적입니다. 인성(印星)이나 재성(財星)은 자식성인 식상(食傷)이나 관살(官殺)을 자르거나 심하게 설기시키니 자식이 잘 풀릴 수가 없습니다. 유별나게 인색하거나 사람을 이용하려고 하는 사람들 중에는 자식이 죽거나 무자식인 경우도 종종 있습니다. 개념 없이 퍼 주고 사는 것도 문제지만 너무 인색해도 탈입니다. 돈 말고도 베풀 것은 많습니다. 많이 베풀고 삽시다.

5부

나는 어떻게 살아야 할까?

직업운

 예전에 명인제약 '이가탄' 광고를 보며 재미난 생각이 들었습니다. '씹고, 뜯고, 맛보고, 즐기고!' 잇몸이 튼튼해야 건강한 삶을 살 수 있다는 것인데, 무슨 광고인지 이해하기도 쉽고, CM송도 죽이 짝짝 맞는 것이 흥겨웠습니다. 그래서 여러 가지를 생각해보았습니다. 사랑은 '주고, 또 주고, 더 주고, 안 받고', 나의 노후는 '술 먹고, 놀고, 책 읽고, 글 쓰고'처럼 말이죠. 그럼 재테크는 '지키고, 모으고, 불리고, 남기고'가 됩니다. 돈을 모으는 것도 기초가 중요한데, 재테크의 기초는 일단 내 손에 들어온 돈을 잘 지키는 것입니다.

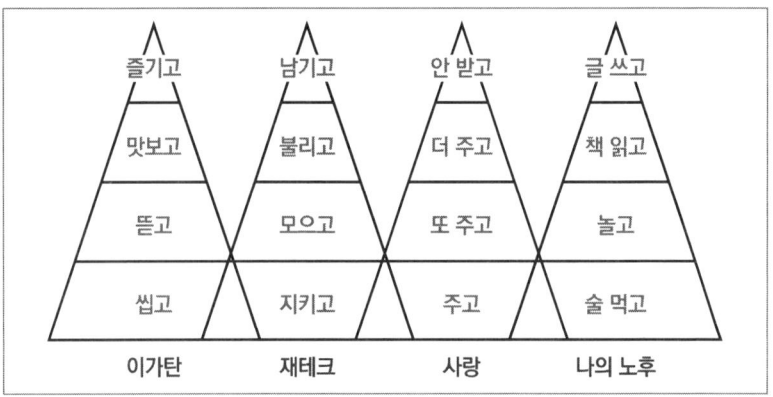

흔히, 수비가 튼튼해야 공격을 잘 할 수 있다는 것, 기초의 중요성을 이야기할 때 '집 짓기'에 비유하여 말합니다. '아기 돼지 3형제' 이야기 아시죠? 아기 돼지 3형제가 엄마 품을 떠나 각자의 집을 지었습니다. 집 짓기가 귀찮았던 첫째는 지푸라기로 얼기설기 초가집을 지었고, 둘째도 빨리 집을 짓고 놀고 싶어 나무로 대강 집을 지은 반면, 셋째 돼지는 많은 시간을 들여 벽돌로 된 튼튼한 집을 지었습니다. 당장의 편안함을 위해 대충대충 집을 지은 첫째와 둘째는 늑대의 밥이 되었지만, 튼튼한 집을 지은 셋째는 늑대의 위험으로부터 벗어날 수 있었다는 이야기입니다.

셋째 아기 돼지의 집과 같이 안전하고 튼튼한 삶을 위해 꼭 필요한 두 가지가 있습니다. 첫 번째는 자신의 능력을 최대한 발휘할 수 있는 안정된 직업을 갖는 것이고, 두 번째는 평생 자신을 믿고 따르며 지지해 줄 좋은 배우자를 만나는 것입니다. 좋은 배우자는 가정생활의 안정을 가져오고, 좋은 직업은 활력이 넘치는 사회생활과 함께 가정경제도 안정시키는 토대가 됩니다. 배우자와 직업 둘 다 소중하지만, 하나만 꼽는다면 직업이 더 중요합니다. 직업은 곧 소득이고, 소득은 곧 밥을 의미하니, 배우자 없이는 살 수 있어도, 소득이 없이는 살 수가 없습니다. '가난이 앞문으로 들어오면 사랑은 옆문으로 샌다'는 말도 있는데, 아무리 깊은 사랑도 소득이 없으면 오래 지탱하기 어려운 법입니다.

프랑스 작가 까뮈는 "노동을 하지 않으면 삶이 부패한다"고 했습니다. 사람은 늙어서도 일이 있어야 합니다. 일은 단순히 자신이나 다른 사람들에게 가치 있는 재화나 용역을 제공하는 것을 넘어, 내가 살아 있다는 증

거가 되기 때문입니다. 생계유지와 사회적 역할 분담과 자아실현을 지향하는 지속적인 일은 직업(職業)이라고 합니다. 그리고 직업 중에서도 자신에게 딱 맞는 직업을 '천직(天職)'이라고 하는데, 하늘에서 내려준 직업이라는 뜻입니다. 영어로는 보케이션(Vocation) 또는 콜링(Calling)이라고 합니다. 소명, 즉 하늘의 부름을 받은 일이라는 것이죠. 그런데 정말 사람마다 천직이라는 게 따로 있을까요?

옛날에는 직업분류라고 해 봐야 '사농공상(士農工商)' 정도에 그쳤지만, 현대에 들어서는 직업의 종류가 셀 수 없이 많아 어떤 직업을 선택해야 할지 정말 막막하기 그지없습니다. 한국고용정보원에서 발간한 『한국직업사전』 5판에 수록된 우리나라 직업 수는 1만 6,891개인데, 2012년 발간된 4판에 비해 5,236개나 늘었습니다. 1969년 우리나라 최초로 발간된 직업사전에 수록된 직업 수는 3,200여 개에 불과했지만, 50여 년 만에 14,000여 개의 직업이 늘어났습니다. 그 사이 버스안내양이나 우산수선원 같은 직업은 사라졌고, 빅데이터 전문가, 드론 조종사, 애완동물장의사 같은 직업이 생겨났습니다. 앞으로도 시대 변화와 기술발전에 따라 어떤 직업들은 사라질 것이지만, 전체적인 직업 수는 계속 늘어날 것이고, 천직을 찾는 일은 점점 더 힘들어질 것 같습니다.

학교나 회사를 그만두는 사람들 중에는 '적성에 맞지 않아서'라고 말하는 사람이 많습니다. 그런데 그중에는 정작 자신의 적성이 무엇인지도 모르는 사람도 많습니다. 자신의 적성이 무엇인지 알지 못하면, 그냥 명문대, 인기 있는 학과, 돈 많이 버는 직업에 대한 과욕을 부리다가 소중한 인생을 낭비하게 됩니다. 우리나라 대학 진학률은 2005년 82.1%까지 치솟았다가, 2017년 68.9%까지 떨어졌습니다. '취직도 안 되는데 대학은 가서 뭐 하냐'는 생각들이 늘었기 때문인데, 그만큼 먹고살기가 힘들어진 것 같아 마음이 아픕니다. 하지만, 점점 더 일찍부터 자신의 적성에 맞는 일을 찾는 학생들이 많아질 것 같아 다행스럽다는 생각도 됩니다. 그럼 내 적성을 어떻게 알 수 있을까요?

적성은 한마디로 '무엇인가에 잘 맞는다는 것'입니다. 내가 조직생활에 맞는 사람인지, 사업을 하는 것에 맞는 사람인지, 자유롭게 살아야 하는 사람인지 같은 것들이죠. 이런 것들은 알아야 자신에게 맞는 직업을 선택할 수 있습니다. 요즘은 능력과 흥미, 성격 등 다양한 심리적 특성을 측정하여 자신에 대한 이해를 돕고, 자신의 특성에 적합한 진로분야를 선택할 수 있도록 도와주는 검사들이 많습니다. 고용노동부에서 운영 중인 '워크넷'에 접속하면, 청소년과 성인을 대상으로 하는 다양한 검사를 무료로 받아볼 수 있고, 시중에는 직업심리검사 및 진로상담을 전문으로 하는 사설기관도 많습니다. 타고난 저마다의 특성과 소질을 알고 일찍부터 그에 맞는 진로를 선택할 수 있도록 도와준다는 의미에서 좋은 일인데, 본인의 사주를 알면, 더 많은 유용한 정보들을 얻을 수 있습니다.

우리나라 표준직업분류표에서는 직업을 크게 10가지로 구분하고 있는데, 전문가 및 관련 종사자, 사무종사자, 서비스 종사자, 판매 종사자, 농림어업 숙련 종사자, 기능원 및 관련 기능 종사자, 장치 기계조작 및 조립 종사자, 단순 노무 종사자, 군인이 그것입니다. 이것은 대분류이고,

중분류, 소분류, 세분류, 세세분류 등 단계를 늘려 갈수록 점점 더 세분화된 직업분류가 가능해집니다. 사주풀이는 음양과 오행(五行)의 상생(相生)과 상극(相剋)를 기준으로 구분한 10가지(10星)가 기본이고, 자신에게 맞는 직업을 찾는 것도 그 범주 안에서 이루어집니다. 한국표준직업분류에서 직업을 크게 10가지로 나누듯이, 사주에서는 10성을 기준으로 한다고 할까요? 직업이라는 것도 내가 가지고 태어난 오행의 기운과 그 작용이 어떤가에 따라 달라질 수 있는 일이니까요.

사주에서 직업을 찾을 때는 우선, 일간을 중심으로 월지(月支)가 무엇인지를 살펴봅니다. 격(格), 다시 말해 그 사람 그릇의 크기를 보는 것입니다.

비견(比肩), 겁재(劫財)에 해당되는 사람은, 비겁(比劫)이 형제나 친구를 의미하니, 그 힘을 믿고 오만불손하고, 기고만장하며, 자존심이 강해 남의 밑에서 일하는 것이 쉽지 않습니다. 따라서 개인 사업, 예술가, 외무사원 같은 직업이 좋고, 조직생활을 하더라도 공무원, 교사 등 자신의 업무 영역이 확실한 봉급생활자가 좋습니다.

식신(食神)에 해당되는 사람은 식신이 먹는 것이고, 내 안의 것을 내놓는 일이며, 꾸준함을 의미하니, 음식과 관련된 직업, 사회복지, 교육, 종교처럼 남들에게 베푸는 일, 꾸준한 작업을 요구하는 연구직 같은 직업이 좋습니다. 교육은 사람뿐 아니라 동식물에도 해당되니, 동식물 사육에 관한 직업도 좋습니다.

상관(傷官)도 내가 내놓는 것이니, 상관에 해당되는 사람은 입으로 먹고사는 영업직, 변호사, 강사, 교수, 언론, 방송 직업이 좋고, 머리가 좋고 아이디어가 많아서 발명가, 창작, 개발직, 카피라이터, 작곡가, 미술가 직업도 좋습니다. 또 상관은 식신과 다르게 활동적이라 운동선수나, 군인, 서비스업 등에도 잘 어울립니다.

편재(偏財)는 비정기적으로 생기는 돈이고 판단력과 결단력을 필요로 합니다. 따라서 편재에 해당되는 사람은 사업가 체질이라 돌아다니며 하는 무역과 외교 업무, 통신, 교통 관련 사업과 부동산, 증권 등 투기적인 사업이 좋습니다.

정재(正財)는 정기적으로 생기는 수입이고, 꼼꼼함, 치밀함, 성실과 신용을 의미하니, 꼬박꼬박 월급을 받는 월급쟁이 직업이 좋습니다. 금융, 재무 계통 관공서 봉급생활자, 일반 직장 경리과 직원, 기업 경영자, 소심한 임대업자 같은 직업이 좋다고 봅니다.

편관(偏官)은 한마디로 칼을 든 직업이나 죽음과 관련된 직업이 좋습니다. 군인, 경찰, 검찰 같은 무관(武官)직 직업, 의사, 정육점, 횟집, 미용사, 재단사 같은 칼을 든 직업, 역사, 종교, 철학, 무속, 역학 같은 과거나 죽음을 다루는 직업이 좋습니다.

정관(正官)은 곧이곧대로 하는 일, 문관(文官) 계통의 공직이 제격입니다. 정관은 복지부동, 원리원칙의 대명사입니다. 사무직, 관리직, 월급쟁이, 공무원, 선생님 등이 좋습니다. 굳이 학문으로 나눈다면 편관은 법학 계통, 정관은 행정학 계통이라고 할까요?

편인(偏印)은 공부하는 것, 의심하는 것이고 잔머리를 굴리는 일이라 의료, 철학, 종교인 등 고뇌하는 직업, 무언가를 만들어 내는 개발직, 계산력을 요구하는 금융, 공학 계통의 직업이 어울립니다.

정인(正印)은 수용하는 것, 곧이곧대로 듣는 것이니 선생님이나 일반 사무관리직이 좋습니다. 윤리, 교육 계통의 직업이 좋고, 정인은 무조건 믿는 경향이 있으니 사업성의 직업을 택하면 안 되겠습니다.

용신(用神)이 무엇이냐에 따라 내게 맞는 직업을 찾을 수도 있는데, 먼저, 목(木)이 용신인 사람은 나무와 관련된 임업, 목재업, 나무를 이용한 제조업, 의류업, 사람과 관련 사회사업, 교육 관련 사업, 언론 분야가 좋겠습니다.

두 번째로, 화(火)가 용신인 사람은 불의 원료인 석유와 가스를 판매하는 주유소, 컴퓨터를 포함한 전기 및 주물, 제철 관련 사업, 사람 관련 대민봉사 등의 직업이 좋습니다.

세 번째로, 토(土)가 용신인 사람은 땅을 이용한 농업, 원예, 과수원, 종묘, 농산물 가공사업, 또는 사람과 관련하여 부동산, 종교 분야가 좋겠습니다.

네 번째로, 금(金)이 용신인 사람은 쇠를 이용한 철공, 금속, 기계, 금은 등과 관련 보석 세공, 차량과 기차 등의 조종사, 기관사 및 정비 등의 직업이 좋고, 사람과 관련하여 칼을 쓰는 군인, 경찰, 검찰, 의사 같은 직업이 좋습니다.

 다섯 번째로 수(水)가 용신인 사람은 물을 이용하는 어업, 양식업, 술집, 카페, 음식점 등의 직업이 좋고, 사람과 관련하여 흐르는 물의 특성과 같은 무역, 외교관 직업, 물은 지혜를 상징하니 아이디어를 필요로 하는 발명가 같은 직업이 좋다고 하겠습니다.

 이 외에도 '지지(地支)에 인사신(寅巳申), 축술미(丑戌未)가 있는 경우는 군인 경찰, 교정 등 형벌 관련 직업이 어울린다' 또는 '월지와 년지, 일지와 시지의 합(合)이 되는 10성(星)과 관련된 직업을 갖게 된다' 그리고 '운(運)의 흐름도 중요하니 학창 시절에 어떤 십성의 운이 들어오느냐에 따라 직업의 방향이 결정되기도 한다' 등 직업을 찾는 다양한 방법이 있습니다. 그런데 이런 것들은 하나의 원칙 같은 것들이고, 사주 전체가 어떻게 구성되어 있는지 종합적으로 살펴서 사주에 맞는 직업을 찾는 것이 좋습니다. 그럼 실제 사주를 몇 가지만 살펴보겠습니다.

남자
甲 甲 庚 丁
戌 子 戌 酉

이 사주는 유술(酉戌) 금국(金局)에서 경(庚)금이 솟았으며, 신약해서 인성의 도움이 필요하니 편관용인격(偏官用印格) 사주입니다. 또, 사주에

서 매우 강한 금(金) 기운을 억제하기 위해서는 식상(食傷)의 도움도 필요하니 식상(食傷)으로 관(官)을 억제하는 식상제살격(食傷制殺格) 사주라고 볼 수도 있습니다. 약한 일간을 생조(生助)해 주는 일지의 자(子)수가 용신이고, 정(丁)화도 희신입니다. 정인(正印)과 상관(傷官)이 희용신이니, 공부해서 입으로 떠드는 일이 적격이라 중학교 교사입니다.

여자			
辛	丙	戊	庚
卯	戌	子	戌

이 사주는 월지(月支) 자(子)가 정관(正官)이고, 신약한 사주라 인성(印星)의 도움이 필요한 정관용인격(正官用印格) 사주로 시지(時支) 묘(卯)가 용신인데, 용신이 천간에 투간(投干)하지 못해 좋은 사주는 아닙니다. 일간과 시간이 병신합(丙辛合)을 하고 있는데, 병신합을 하면 무지개가 선 것처럼 아롱거리니 액세서리 장사를 하고 있습니다. 신(辛)금은 보석이니 천직이라고 할 수 있습니다.

남자			
庚	丙	壬	甲
子	寅	申	午

이 사주는 월지 신(申)에서 임(壬)수가 투간하였고, 인성의 도움이 필요한 신약한 사주인데, 년간의 갑(甲)목은 소용돌이 속에 있어, 일간을 도와줄 수 없으니, 일지 인(寅)이 용신인 편관용인격(偏官用印格) 사주입니다. 월지가 편재(偏財)라 돈을 다루는 일이 맞고, 용신인 인(寅)은 편인(偏印)은 잔머리를 잘 굴리고 계산속이 밝아서 재무회계 같은 일이 잘 맞으니 은행원인데, 용신이 충(沖)을 받아 좋은 사주는 못 됩니다.

남자
癸 丙 丙 乙
巳 戌 戌 丑

이 사주는 월지가 식신(食神)이고, 주변에 세력은 많지만, 실령(失令), 실지(失地)하여 힘이 약하고, 비겁(比劫)의 도움이 필요한 화토식신비겁부신격(火土食神比劫扶身格) 사주입니다. 그런데 신왕(身旺), 신약(身弱) 여부를 떠나서, 비겁은 내 돈을 훔쳐가는 도둑이니 천간에 뜬 비겁은 잡아 주는 것이 좋은데, 시간의 계(癸)수가 그 역할을 하고 있습니다. 한마디로 도둑 잡는 사주이고, 재무회계를 통해 비리를 적발하는 것도 도둑을 잡는 일이니 회계사 시험 준비를 하고 있다고 합니다.

남자
丙 辛 丁 己
申 酉 丑 亥

이 사주는 일간이 신(辛)금이고, 년월지가 해자축(亥子丑) 수국(水局)을 이루고 있으며, 신강한 사주라 힘을 빼 줘야 하는 금수상관용상관격(金水傷官用傷官格) 사주입니다. 병(丙)화와 정(丁)화는 추운 겨울에 태어난 일간을 따뜻하게 하는 조후의 역할은 조금 되지만, 뿌리도 없고, 반딧불 같아서 용신으로 삼기 어렵습니다. 신강한 사주라 해(亥)수로 설기(洩氣)해야 하는데 해자축(亥丑合) 수국(水局)으로 설기구가 넓어져 좋습니다. 용신인 해(亥)수는 상관이고, 기술이며, 역마(驛馬)라 태국에서 근무하는 신발 기술자입니다.

사주를 볼 때 가장 어려운 것이 '직업 찾기'라고 합니다. 어떤 직종을 선택하는 것이 좋겠다는 것은 알 수 있지만, 구체적으로 이 직업이라며

콕 짚어 내기는 어려운 일입니다. 직업의 종류가 워낙 다양하고 점점 더 많아지기 때문입니다. 미래학자 토마스 프레이(Thomas Frey)는 "인류는 지금까지 모든 인류 역사보다, 앞으로 다가오는 20년간 더 많은 변화를 보게 된다"라고 말했습니다. 그 과정에서 우리가 현재 알고 있는 많은 일자리들이 사라지고, 생겨날 것입니다. 어느새 인공지능, 사물인터넷, 로봇, 빅데이터로 대변되는 제4차 산업혁명의 물결이 넘실대고 있습니다.

2016년 4차 산업혁명을 주제로 열렸던 다보스포럼에서는 5년 내에 전 세계에서 710만 개의 일자리가 사라지고, 새로운 일자리 210만 개가 생겨날 것이라고 예측했습니다. 또 요즘은 '천직(天職)을 찾기보다, 직업을 스스로 만드는 창직(創職)이 좋다'라는 말도 유행하고 있습니다. 이런 상황에서 나에게 꼭 맞는 직업을 찾는다는 것은 거의 불가능합니다. 하지만 '중요한 것은 속도보다 방향'이기 때문에, 직업 선택의 큰 방향을 제시할 수 있다는 측면에서 명리학의 가치는 계속 유효할 것으로 보입니다.

세상에서 유일한 진리는 '모든 것은 변한다'라는 사실 하나뿐입니다. 사주를 보는 이유는 나 자신이 어떤 사람인지, 나 자신의 강약점과 한계는 무엇인지, 나의 미래 운(運)은 10년 또는 1년 단위로 어떻게 변화하는지 알고 대비하기 위해서입니다. 운명이 그 모양인데 대비한다고 뭐가 달라질 수 있겠냐고 힐난을 할 수도 있지만, 그럼에도 불구하고 자신의 운명을 사랑할 수밖에 없는 것 또한 운명입니다. 운이 좋을 것 같다고 방심해서는 안 되고, 운이 나쁠 것 같다고 포기해서도 안 됩니다. 좋든 나쁘든 결과에 관계없이 미래는 준비하는 자의 몫이고, 준비하지 않는 국가나 기업, 개인에게는 아예 미래 자체가 없기 때문이죠. 그런 의미에서 사주를 잘 분석하여 알려 주고, 사주에 맞는 직업을 선택할 수 있도록 도와주는 명리학의 순기능은 계속되어야 하겠습니다.

재물운

"부자 되세요!" 2000년대 초반 BC카드 광고로부터 시작되어, 어느새 신년 덕담 중 하나로 깊이 뿌리를 내린 말입니다. 부자 되라고 하는데 싫어할 사람은 없지만, 돈 많이 쓰기를 조장하는 카드회사에서 부자 되라고 하니, 앞뒤가 맞지 않는 말 같았습니다. 좋게 생각하면, 신용카드 마음대로 쓸 수 있을 만큼 '돈 많이 벌어라'는 말 같지만, 신용카드는 번 돈으로 하는 소비가 아니라, 돈을 벌기도 전에 하는 소비를 부추기는 자본주의의 첨병입니다. 세계 최고의 부자 워런 버핏도 "돈을 모으려면 가장 먼저 이자율이 높은 신용카드부터 버리라"고 했는데, 신용카드 회사에서 그런 광고를 냈으니 생뚱맞다는 생각이 들었습니다.

"대박 나세요!" 이것도 10여 년 전부터 우리 사회에 널리 쓰이는 말입니다. 큰 이득을 보거나 횡재를 했을 때 '대박 났다'고 하는데, 옛날 노름판에서는 판돈을 '박'이라고 했고, 큰돈을 땄을 때는 큰 대(大)자를 붙여 '대박 났다'고 말했답니다. 대박은 노름판에서 유래한 말 같은데, 요즘은 "헐 대박!"처럼 '대박' 소리를 정말 많이 듣게 됩니다. 이것이 뭔가 특이한 것을 보거나 갑작스러운 일이 생겨 놀랐을 때 내뱉는 감탄사인가 싶기도 한데, 대통령까지 '통일은 대박'이라고 했으니, 우리 사회에 진짜 대박이 난 것은 '대박'이라는 단어 그 자체가 아닌가 싶습니다.

"부자 되세요"나 "대박 나세요" 모두 '돈'에 한 갈망이 담긴 말입니다. 도대체 돈이 무엇이길래, "새해 복 많이 받으십시오"나 "건강하십시오"와 같은 수천 년 내려온 인사말까지 대체하는 지경에 이르렀을까요? 한마디로 돈이 생활의 전부가 되었기 때문입니다. 오늘 아침 일어나자마자 마신 냉수 한 잔도 돈이고, 아침밥도 돈이고, 출근길 지하철 요금, 점심, 커피, 퇴근길에 애들 주려고 산 붕어빵도, 하루의 피로를 씻어 내는 샤워기의 물방울 한 방울도, TV 시청료도, 잠잘 때 온수 매트에 들어오는 전기도 모두가 돈입니다. 돈이 없으면 생활 자체가 불가능하니, 돈은 가장 중요한 관심사가 될 수밖에 없고, "돈 많이 벌어라"는 인사말이 이제야 등장한 것이 의아할 정도입니다.

사실 돈의 위력은 어마어마합니다. 돈은 곧 생명이자, 사람과 사람 사이를 이어 주는 끈이고, 성공을 측정하는 수단이며, 신자들을 천당으로 인도하는 보증수표이자, 삶과 죽음을 가르는 칼이고, 자유와 부자유를 나누는 벽이고, 사람의 귀천을 나누는 잣대이며, 기쁨과 슬픔, 분노와 희열을 결정하는 감정적 실체이고, 다른 사람의 의지에 반하여, 자신의 의지를 관철시킬 수 있는 힘입니다. 인류 역사상 어떤 성인이나 권력자도 돈만큼 많은 영향을 미치지는 못했고, 돈만큼 많은 교인이나 백성을 그 아래에 두지 못했습니다. 돈의 형태는 쇠붙이나 종이에 불과하지만, 돈이야말로 보이지 않은 신(神)이 구체화된 형상이라고 할 수 있습니다. 그런 돈에 대해 경배를 드리는 것은 너무나 당연한 일이고, "부자 되세요", "대박 나세요" 같은 덕담은 신에게 더 가까이 다가서기를 바란다는 말, "성불하십시오", "천국 가십시오"와 동급이니, 그런 말들을 더욱 애용(?)해야 하는지도 모르겠습니다.

 미국의 유명한 경제잡지 「포브스」의 발행인 말콤 포브스(1643~1727)는 아들에게 "아들아 100가지 문제 중 99가지 문제의 해답은 돈이란다"라고 말했습니다. 부부간의 갈등과 이혼, 부모와 자식 간의 충돌, 피를 나눈 형제들의 다툼, 친지들과의 불화 등 세상의 많은 불행들이 돈 때문에 벌어진다는 것을 생각하면 지극히 지당하신 말씀입니다. 영국의 과학자 아이작 뉴턴(1643~1727)은 "돈의 노예가 돼라. 그러면 모든 것의 주인이 될 수 있다"라고 말했습니다. 개인이든 조직이든, 기업이든 국가든 그렇게 돈을 벌려고 난리를 치는 이유가 그 때문일까요? 모든 사람들의 꿈과 동경의 대상이자, 만국의 공통어가 되어 버린 돈에 대한 욕심은 누구나 있지만, 어떤 사람들은 돈이 많고, 어떤 사람들은 하루 벌어 하루 먹고살기도 힘듭니다. 왜 그럴까요?

 사주(四柱)에서 돈은 '재(財)'라고 합니다. 월급같이 매달 꼬박꼬박 생기는 돈은 '정재(正財)', 보너스나 곗돈, 불로소득처럼 우연히 생기는 돈은 '편재(偏財)'라고 합니다. 정재든 편재든 공통으로 들어 있는 재물 재(財) 자는, 뜻을 나타내는 패(貝) 자와 음(音)을 나타내는 재(才)가 합(合)하여 이루어진 글자입니다. 조개 패(貝)자는 옛날에 조개껍데기를 돈으로 사용한 것으로부터 유래되어 '돈'이라는 뜻을 가지고 있고, 재주 재(才) 자는 땅 위로 올라오는 새싹을 본따 그린 글자로 '싹수', 다시 말해 무엇인가를 잘할 수 있는 '재능'이나 '재주'를 의미하니, 재물 재(財) 자는 돈을 벌 수 있는 재능이나 재주를 말한다고 할 수 있습니다. 그럼 누구는 왜 돈을 버는 재주가 뛰어나고, 누구는 그렇지 못할까요?

사주에서 재(財)는 내 밥그릇이니 돈이고 목숨 줄입니다. 육친으로는 부친(父親), 남자에게는 처(妻)가 됩니다. 아버지가 있어야 자녀를 바르게 키울 수 있고, 돈이 있어야 부(富)와 영화(榮華)를 누리고, 처(妻)가 있어야 가정을 이루고 행복한 가정생활을 할 수 있으니, 재(財)는 길성(吉星)입니다. 그런데 사주에 무조건 재(財)가 있다고 다 부자가 되는 것은 아닙니다. 일반적으로, 사주가 강하고 재(財)도 강한 신왕재왕(身旺財旺) 사주면 재물을 크게 모을 수 있고 부자 소리를 들을 수 있으며, 신왕재약(身旺財弱)하면 돈은 떨어지지 않아 궁색하게 살지는 않는 수준 정도이고, 신약재왕(身弱財旺)하면 남의 재산이나 관리해 주면서 빈천하게 살게되며, 신약재약(身弱財弱)하면 큰돈은 없으나 목마르지 않을 정도인데, 갑자기 큰돈이 생기면 반드시 좋지 않은 일이 생긴다고 합니다.

좀 더 구체적으로 말하면, 사주가 재(財)를 취할 수 있을 정도로 강하고, 재(財)가 되는 글자가 희용신(喜用神)이며, 재(財)의 뿌리가 있어 튼튼하고, 재(財)가 형충(刑沖)되지 않아야 재복(財福)이 있다고 할 것입니다. 그리고 신왕(身旺)하고 재(財)도 왕(旺)한 사주에 관살(官殺)이 있어서 내 돈을 노리는 비겁(比劫)을 억제해 주거나 식상(食傷)이 있어 식상생재

(食傷生財)를 하면 큰 부자가 됩니다. 반면, 과유불급(過猶不及), 지나치면 모자란 것만 못하다고, 사주에 재(財)가 너무 많아 약해진 재다신약(財多身弱)한 사주는 재물복이 없어 평생 돈과 여자로 인해 허덕여야 하며, 인색하고 욕심이 많다고 봅니다. 그럼 실제 사주를 살펴보겠습니다.

남자
丁 庚 丁 乙 丑 申 亥 卯

우리나라를 대표하는 부자였던 분 사주입니다. 사주가 맞는지는 모르겠지만 인터넷에 떠도는 여러 사주 중에서 선택한 것입니다. 경(庚)일간이 추운 겨울(亥)에 태어나 사주를 따뜻하게 해 주는 불(火)이 좋은 역할을 하는 사주입니다. 경신(庚申)일주라 바위나 쇳덩어리 그 자체이니 엄청 강한 분입니다. 남에게 지지 않으려고 하고, 머리도 좋고, 고집이 세며, 정신적으로는 고독한 면도 있지만, 오행이 골고루 갖춰져 있어 건강도 좋습니다. 일지(日支) 신(申)이 건록(建祿)이라 부친 덕은 없고 자수성가해야 하는 사주입니다. 월간(月干)과 시간(時干)의 불(丁) 두 개가 바위를 깨고 쇠를 녹이는 형상이라, 건설, 자동차, 조선 등 중공업을 통해 국내 제일의 부자가 된 것 같습니다.

이 사주에서 재(財)는 을묘(乙卯)인데, 을묘는 한 몸이라 재(財)의 뿌리가 튼튼하고, 더구나 년지(年支)와 월지(月支)가 목국(木局)을 이루어 돈이 넘쳐나는데 일간이 돈과 을경(乙庚)으로 합(合)을 해서 재(財)와 더 가까워진 형상입니다. 남자 사주에 재(財)는 돈이자 여자이기도 하니 가까이한 여자도 한 트럭이나 된다고 할 수 있습니다. 돈이 되는 목(木)이 목국(木局)까지 이루어 용신인 불(火)을 더 살려 주니, 돈을 많이 벌수록 관(火)운도 좋아지고, 일간뿐 아니라 돈(乙)도 그 뿌리인 묘(卯)가 건록이라 관급공사를 통해 돈을 많이 벌었다고 생각됩니다.

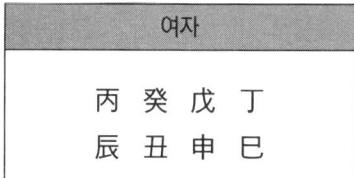

이 사주는 년월(年月)에 재관(財官)이 있고 부친은 정재인 병(丙)화입니다. 부친 입장에서 보면 사(巳)중 경(庚)금도 있고, 월지(月支) 신(申)금도 있고, 축(丑)중 신(辛)금도 있어 재성이 강해 부친이 부자입니다. 부친은 내(癸)가 태어나고 나서부터 돈 창고(丑)가 하나 생긴 형상입니다.

남편은 합(合)하는 천간의 무(戊)토인데, 문창성 위에 앉아 정사(丁巳)의 생조(生助)를 받으니 학식이 높고 교육이나 학문 계통의 직업을 갖게 되는데 농학박사라고 합니다. 부부 사이도 좋고, 남편인 무(戊)토에서 보면 계(癸)일간은 돈이고 축(丑)은 천을귀인(天乙貴人)이라 이 여자와 결혼하고 나서부터 잘 풀리고 있다고 합니다.

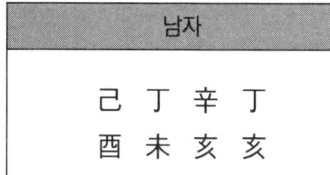

이 사주는 종살격 사주인데 초년의 금(金)대운에는 부친의 유산 덕분에 큰 고생 없이 성장했지만 종격(從格)에 역행하는 화(火)대운부터 되는 일이 없고 조금 있던 돈도 다 날리고 후처 덕에 살아가고 있다고 합니다. 정(丁)일간에는 미(未)가 홍염살인데, 홍염살이 다 발동하여, 끼가 많은 사주입니다.

노년에 춤으로 여자를 유혹하고 돈을 갈취하는 제비족 신세가 되었는데, 친구를 만나 차라도 한잔 사게 되면 복통이 일어난다고 할 정도로 인색한 사람으로, 부친 재산이 넉넉했지만 이 사람이 다 털어먹었다고 합니다. 총각 때 사업하다가 다 까먹고, 직장 다니며 돈을 꽤 모았으나, 처가 바람이 나면서 돈이 새기 시작하여 종격운에 역행하는 화(火)대운에 알거지가 되었다고 합니다.

	여자		
丁	戊	甲	庚
巳	辰	申	子

이 사주는 일간 무(戊)토의 뿌리가 되는 진(辰)이 신자진(申子辰) 수국(水局)이 되어 뿌리가 상실되었습니다. 할 수 없이 시주(時柱)의 정사(丁巳)에 기대야 하는 토금상관용인격(土金食神用仁格) 사주로 직업은 교사입니다. 재다신약(財多身弱) 사주에 재생관(財生官)을 하니 돈을 벌어다 주고 뺨 맞는 형국으로 평생 돈이나 남편으로 인해 허덕이는 사주입니다.

남편이 바람을 피우고 노름까지 심해 가출을 하는 바람에 빚까지 짊어진 채 이혼을 했습니다. 진(辰) 대운에 들어, 용신인 정사(丁巳)가 더 심하게 설기(洩氣)되니 더욱 상황이 나빠졌습니다. 진(辰)은 형제인데 동생 빚보증을 섰다가 문제가 생겨 퇴직금을 받아 그 빚을 갚느라 초등교사를 그만두고 학원에서 강사로 일하면서 생활 중이라고 합니다.

	여자		
己	辛	庚	丙
丑	酉	子	戌

이 사주에는 목(木)이 재물인데 사주 어디에도 재(財)가 보이지 않습니다. 자(子)월에 태어난 신(辛)일간에 신강(身强)해서 금수상관용식신격(金水傷官用食神格)로 왕성한 기운을 설기(洩氣)시켜 주는 수(水)가 용신(用神)이고, 추운 사주를 따뜻하게 해 주는 병(丙)화가 희신(喜神)인데, 병(丙)화는 술(戌)에 입고(入庫)되어 있고 신(辛)금과 합해 사지(死地)인 유(酉)로 가니 빛만 있고 힘이 없어 제대로 용신 역할을 못 하고, 조후(調候) 역할만 조금 하고 있습니다.

한랭한 사주라 병(丙)이 희신이고 술(戌)토도 온토(溫土)라 좋은 역할을 하는데, 병술(丙戌)이 년주(年柱)에 있으니 친정이 부자입니다. 그런데, 내가 받을 복이 없어 유산을 받지 못하고 모두 오빠 몫이 되었습니다. 상관(傷官) 사주에 재(財)가 없는 상관무재(傷官無財) 사주는 재물복이 없어 노력을 많이 해도 거둘 것이 적기 때문입니다.

사주에 재물운이 튼튼한 사람은 복(福) 받은 사람입니다. 하지만 대부분의 사람들은 재물운이 그다지 좋지 못한데 어떻게 해야 할까요? 사마천은 「화식열전(貨殖列傳)」에서 부자들의 입을 통해 "무릇 근검절약하고 부지런히 일하는 것이야말로 부자가 되는 바른길이다"라고 말합니다. 한마디로 부자들은 근검절약이 생활화된 사람들입니다. 중세 르네상스 시대에 사상가였던 에라스무스(1467~1536)는 "절약은 대단한 수입이다"라고 말했습니다. 부자들은 지출을 줄이는 것 자체가 수입을 늘리는 일이라고 봅니다. 그리고 부자들은 부지런합니다. 정주영 회장의 생활신조는 '일근천하무난사(一勤天下無難事)'였습니다. '한결같이 부지런하면 세상에 어려운 일이 없다'는 뜻입니다. 그분은 똑같은 디자인의 세 켤레 구두를 굽을 갈아 가며 30년이 넘게 신었고, 일이 하고 싶어 3시에 기상해서 해가 늦게 뜬다고 불평했던 '근검절약'과 '근면성실'의 표본이었던 분입니다.

학문과 도덕에 치우친 후세의 역사가들 중에는 "사마천은 세속적인 권세와 이익을 숭상하고 빈천(貧賤)을 수치로 여겼다"라며 비판한 사람들도 있지만, 사마천은 당당하게 이야기합니다. "재산이 없는 사람은 힘써 생활하고, 조금 있는 사람은 지혜를 써서 더 불리고, 많은 사람은 시기를 노려 가며 이익을 더 얻으려고 한다. 이것이 삶의 진리다"라고 말이죠. 돈이 있고 없음에 따른 치부(致富)의 단계를 말한 것입니다. 정주영 회장이 부자가 된 것은 사주(四柱)에 재물복이 많기도 하지만, 평생을 절약하며 부지런하게 살았기 때문입니다. 사주를 통해 자신의 재물복의 크기가 얼마나 되는지 알아보는 것은 당연히 해야 할 일입니다. 양동이의 크기도 모른 채, 무조건 물을 채울 수는 없기 때문이죠. 그렇다고 해서 전적으로 사주만 믿고 노력하지 않으면 돈이 쌓일 수 없습니다. 재물복이 좋은 사람들은 그 재물이 오래가지 않는다는 것을 알고, 그것을 지키기 위해 노력해야 합니다. 사주도 중요하지만 운(運)은 더욱 중요하니까요. 재물복이 적은 사람들은 신용카드부터 잘라 버리고, 소득의 반은 무조건 저축한다는 생각을 가지고, 부지런히 일해서 돈을 모아 가야 하겠습니다. 그것이 좋은 운(運)을 부르는 일이니까요.

건강운

예로부터, 물질적으로는 넉넉하고(富), 남들에게는 어진 덕을 많이 베풀며(攸好德), 몸과 마음은 건강하게(康寧), 오래오래 살다가(壽), 하늘이 내린 명대로 죽는 것(考終命)을 인생의 '5복(福)'이라고 했습니다. 5복 중에 가장 중요한 것이 무엇일까요? 다른 것들도 다 소중하지만, "재물을 잃으면 조금 잃는 것이요, 명예를 잃으면 많이 잃는 것이요, 건강을 잃으면 전부를 잃는 것이다", 또는 "건강은 제일의 자산이다"라는 말도 있듯이 건강이 가장 소중하다고 할 수 있습니다. 평생 동안 아프지 않고 건강하게 살다가 자는가 싶게 세상을 하직할 수 있다면 얼마나 좋을까요?

그런데 살다 보면 건강에 손상을 입는 일이 생깁니다. 감기에 걸리고 열이 나고 배가 아프고 머리가 아프고 이빨이 아픈 일은 흔하고, 우발적인 사고로 팔다리가 부러지고, 장애가 남기도 하며, 정말 잘못되면 이른 나이에 죽기도 합니다. 설령 건강하다고 해도 나이가 들면 들수록 병원에 갈 일이 많아집니다. 옛날에는 집에서 태어나 집에서 죽었지만, 요즘은 병원에서 태어나 병원에서 죽는 경우가 대부분이니, '삶의 시작과 끝이 모두 병원에 있다'고 해도 과언은 아닐 것입니다. '병원이 고향이고, 병원이 하늘나라로 가는 출입문인 셈'이죠.

우리나라 사람의 90%는 질병으로 사망하고, 10% 정도가 재해나 자살로 삶을 마무리합니다. 질병 중에 가장 치명적인 것은 '암'입니다. 2018년 사망자 총 298,820명 중 암 사망자는 79,153명으로 전체 사망자의 약 26.5%를 차지했습니다. 전체 사망자 중 26.5%나 되는 사람들이 암이라는 단 한 가지 질병으로 사망한 것이니, 암이 얼마나 무서운 질병인지 알 수 있습니다. 베드로가 예수님께 물었습니다. "예수님! 예수님도 못 고치는 병이 있습니까?" 예수님께서 뭐라고 대답했을까요? "아~암." 그래서 암은 무서운 질병입니다. 암뿐만 아니라 크고 작은 질병은 그 자체가 고통입니다. 늙는 것도 고통이고, 죽음은 가장 큰 두려움입니다.

불교의 초기 경전 『숫타니파타』에서는 "인간의 목숨은 예측할 수 없고, 살아 있는 존재는 죽음을 피할 수 없다. 늙으면 이윽고 죽음이 오나니, 이것이 살아 있는 것들의 운명이다", "아무리 잘 구워낸 도자기라도 마침내 깨어져 버리고 말듯이, 인간의 목숨도 이와 같다"라고 합니다. 또 불가의 말씀 중에는 "삶은 한 방울의 물방울이 일어남이요, 죽음은 한 방울의 물방울이 스러짐이다"라는 것도 있고, 영국의 황태자 묘비에는 "지나가는 이여 나를 기억하라. 그대가 살아 있듯이 나도 한때는 살아 있었고, 내가 잠들어 있듯이 그대도 반드시 한 번은 잠들 것이다"라고 적혀 있다고 합니다. 모두가 생명의 덧없음과 인생의 무상함 그리고 죽음의 공평함에 대한 말씀인데, 누구나 한 번은 죽는다는 측면에서 공감이 갑니다.

하지만, 죽음에 이르는 길은 다 다르다는 점에서 의문이 남습니다. 왜 누구는 죽을 때까지 비교적 건강하게 살지만, 누구는 그렇지 못하며, 왜 누구는 천수를 누리는 반면, 누구는 요절하고 마는 것일까요? 담배도 피우지 않고, 공기 좋은 산속에서만 주로 살아오신 법정 스님 같은 분은 왜 '폐암'으로 돌아가신 것일까요? 정치인, 법조인, 관료들, 언론인, 성직자들에 이르기까지, 우리 사회 곳곳을, 부끄러움도 모르고 활보하는, 부패한 무리들이 내뿜는 공기를 함께 들이마시다 보니, 폐가 망가진 것일까요? 왜 개그맨 유상무 같은 사람은 나이도 젊은데 왜 '대장암'에 걸려 고생을 했고, 가수 강원래 같은 사람은 왜 갑자기 장애인이 된 것일까요?

사주(四柱)는 그 사람의 바코드와 같은 것으로, 성격, 직업, 부모, 배우자, 자식 등 많은 것들을 알려 주는데 그중의 하나가 '건강'입니다. 사주에 따라 어떤 사람은 건강하고, 어떤 사람은 건강하지 못해 질병에 취약하거나 심지어 단명할 수도 있습니다. '인명은 재천(人命在天)'이라고 하는데, 그 '재천(在天)'이 사주팔자에 담겨 있습니다. 사주를 보면 그 사람이 건강한지, 그렇지 못한지, 언제, 어떤 질병에 걸리거나, 어떤 사고를 당할 수 있는지 알 수 있습니다. 점쟁이도 아닌데, 어떻게 알 수 있을까요?

간단하게 말해, 사주가 신강(身強)하고, 목(木), 화(火), 토(土), 금(金), 수(水) 5행(行)이 골고루 갖춰져 음양의 조화가 잘 이루어진 사주를 가진 사람, 사주에 형충파해(刑沖破害)가 없는 사람은 건강하고 장수할 수 있습니다. 반면에 특정 5행이 지나치게 많거나 적은 것처럼 편중되어 있거나, 사주에서 좋은 역할을 하는 용신(用神) 충극(沖剋)을 당하거나, 사주가 지나치게 뜨겁거나(燥熱) 추운(寒濕) 경우는 질병에 취약하고 암과 같은 치명적인 질병에 걸릴 확률도 높습니다.

우리 신체는 오장육부(五臟六腑)로 구성되어 있는데, 오장(五臟)은 심장(心), 폐(肺), 비장(脾), 간(肝), 신장(腎) 5개의 장기(臟器)를 말합니다. 육부(六腑)는 음식물을 받아들이고 소화시켜서 영양소를 흡수하며 찌꺼기를 아래로 내려보내는 기능을 하는 기관으로 담(膽), 소장(小腸), 위(胃), 대장(大腸), 방광(膀胱)과 호흡기, 소화기, 순환기 같은 삼초(三焦)를 말합니다. 사주에서 5행은 각각 이 오장육부와 여러 신체 부위를 상징합니다.

먼저 목(木)은 간, 담, 머리, 뇌, 눈과 관련이 있습니다. 사주에 목이 과다, 과소하거나 충격을 입으면, 간이나 담이 나쁘고, 뇌출혈이 생길 수 있습니다. 화(火)는 심장, 소장, 혈압과, 토(土)는 위, 비장, 살과, 금(金)은 폐, 대장, 근골과, 그리고 수(水)는 신장, 방광과 관련이 있으며, 해당 5행의 과다, 과소 및 충격 여부에 따라 해당 부위에 질병이 생길 수 있는 것이죠. 이렇다 보니, 위암에 걸린 사람을 보면, 사주를 보지 않고도 그 사람은 사주의 토(土)에 뭔가 문제가 있구나 하고 추측할 수 있습니다.

법정 스님의 사주를 보면 온통 불바다라 하나뿐인 금(金)이 불에 녹는 형상을 보입니다. 금은 폐와 대장을 의미하니 어려서부터 폐가 좋지 못했다고 합니다. 게다가 막 출가한 사미승(沙彌僧) 시절부터 평생 동안 혼자 지내며 불 때고, 밥 짓느라 연기도 많이 마셨을 것입니다. 그러다 보니 불이 더욱 거세지는 대운에 폐암으로 사망하신 것으로 보입니다. 사주에 금의 기운이 강한 사람은 담배를 많이 피워도 폐 질환에 걸릴 확률이 낮은 반면, 사주에 금 기운이 약한 데다 극(剋)을 받는 사주는, 때가 되면 문제가 생기고, 잘못하면 생명을 잃기도 하는 것입니다. 그럼 실제 사주를 한번 볼까요?

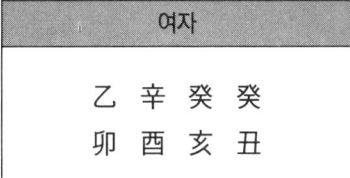

이 사주는 일간인 신(辛)금을 도와주는 세력은 적고, 자신이 내놓는(金生水) 물은 너무 많습니다. 이런 사주는, 출산을 많이 해 몸이 허약해진 엄마와 같은 형상이라 모쇠자왕(母衰子旺)의 사주라고 하는데, 이렇게 되면 자궁이나 유방, 갑상선 등 생식기 계통이 부실하게 됩니다. 32세부터 시작되는 정묘(丁卯) 대운에 불(丁)은 약한 금(辛)을 녹이고, 묘(卯)는 돈줄(財星)이자 이 여자의 목숨줄인데, 이 사주의 유일한 뿌리가 되는 유(酉)금과 충돌(卯酉沖)을 일으키니, 임신 중에 유방암 3기 진단을 받고 말았습니다. 정말 미치고 팔짝 뛸 일입니다.

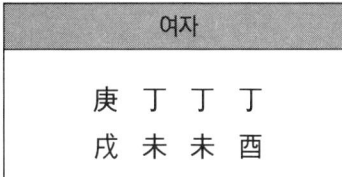

이 사주는 일지(日支)인 미(未)중에 을(乙) 편인이 있어 두뇌 회전이 빠르고 계산적입니다. 시간(時干)의 경(庚) 금이 재성(財星)인데 강한 금(金)을 3개의 정(丁)화, 다시 말해 용광로로 제련을 시키는 형상이라 철강제품 영업사원입니다. 돈을 잘 벌 때는 수억도 벌었는데, 돈 하나를 놓고 여럿의 비견(比肩)이 다투는 군비쟁재(群比爭財)가 되어 뜯기는 곳이 많아 모아둔 돈이 없습니다. 경(庚)금은 폐나 기관지인데 군비쟁재가 많으니 폐암 수술을 받았고, 자궁을 적출하는 수술도 받았습니다.

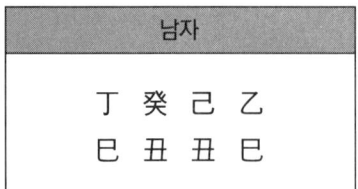

이 사주는 토(土)가 많아 신약해진 사주인데 수왕지절(水旺之節)에 태어났고 사축(巳丑) 금국(金局)도 있어 종(從)할 수 없습니다. 매우 신약한 데다 일지(日支) 축(丑)에서 올라온 편관(偏官) 기(己)토가 바싹 붙어 있어 위험합니다. 월지(月支)를 기준으로 해자축(亥子丑)에는 축(丑)과 진(辰)이 급각살(急脚殺)입니다. 급할 급(急) 자와 다리 각(脚) 자를 쓰며, 다리를 절게 된다는 의미를 지닌 흉살(凶殺)인 급각살에서 올라온 편관(偏官) 기(己)토가 나를 노리고 있으니 신체에 손상이 오기 쉬운 사주입니다. 무자(戊子) 대운에 뇌성마비에 걸려 장애인이 되었는데, 다행히 죽지는 않은 것은 대운지(大運支)가 자(子)수라 약한 일간을 도왔기 때문으로 보입니다.

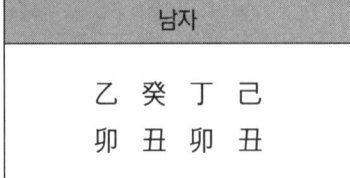

이 사주는 계(癸)수 일간이 묘(卯)월 생으로 년지(年支)와 일지(日支) 축(丑)에 뿌리가 있으나 그 외에는 모두 극설(克泄)되니 신약(身弱)한 사주입니다. 따라서 일간을 돕는 수운(水運)이 좋다고 말할 수 있습니다. 을묘(乙卯)와 묘(卯)의 목(木) 세력과 기축(己丑), 축(丑)의 토(土) 세력이 서로 싸우고 있는 가운데, 목(木)의 세력이 강해 토(土)가 극(剋)되고 있습니다.

월간 정(丁)화 편재(偏財)가 목(木)과 토(土) 사이의 상쟁을 막아 주고, 힘차게 자라나고 있는 목(木)의 숨통을 틔워 줍니다. 용신인 정(丁)화를 극(剋)하는 수(水)대운부터 위장병이 생겨 위궤양으로 발전해 큰 고통을 겪었고, 나중에 위장절제 수술까지 받았다고 합니다. 토(土)는 위(胃), 비상(脾臟)인데, 용신인 정(丁)화가 수(水)의 극(剋)을 받아 제 역할을 못 하게 되니, 강한 목(木)이 바로 토(土)를 극(剋)하여 생긴 일입니다.

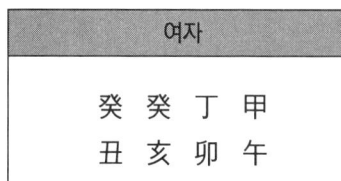

이 사주는 계(癸)수가 약한 듯싶지만, 일시지(日時支)에 해자축(亥子丑) 수국(水局)이 있어 약하지 않습니다. 정(丁)화는 희신(喜神)이고, 재성(財星)이라 내 생명줄이기도 합니다. 그런데 시간(時干)의 계(癸)수가 정(丁)화를 노리고 있어, 중년부터 건강이 부실해지거나 단명할 수 있는 사주입니다.

직업과 남편 문제로 사주 상담을 하러 왔다가, 곧 암이 올 수도 있다는 말을 듣고는 "지금 이렇게 건강한데 무슨 암이냐?" 하며 믿지 않았는데, 6개월 뒤에 유방에서 좁쌀만 한 암이 발견되었다고 합니다. 술(戌)대운에 들어서자, 식신(食神)인 묘(墓)목이 술(戌)에 입묘(入墓)되면서 암이 온 것입니다. 식신(食神)이 입묘(入墓)될 때는 자궁, 유방, 갑상선 쪽에 탈이 나기 쉽습니다. 그 3군데는 같은 호르몬이 흐른다고 합니다.

이처럼 사주와 운의 흐름만 잘 살펴봐도 건강상의 이상을 발견할 수 있습니다. 건강은 목(木), 화(火), 토(土), 금(金), 수(水) 5행(行)이 골고루 갖춰져 기운의 흐름이 원활한지 살피는 것이 첫 번째입니다. 우리나라는 동방에 있는 갑(甲)목의 나라이기 때문에, 저 잘난 사람이 많습니다. 갑(甲)은 시작이고 으뜸이기 때문이죠. 다 잘나서, 경쟁이 치열하고, '배고픈 것은 참아도, 배 아픈 것은 못 참는다'고 열받는 일도 많다 보니, 간(肝)에 열이 치밀어 올라 '화병'이 많고, 목(木)은 토(土)를 극(剋)하는 법(木剋土)이니, 토(土)가 충격을 받아 위장병이 생기고, 그래서 우리나라 암 환자 중 위암 환자가 가장 많은 것도 다 그런 이유 때문이라고 생각됩니다.

실제로 질병과 명리학을 접목시켜 논문을 써 박사학위를 받은 분도 있습니다. 그분은 암으로 진단받고 수술을 받은 중증 환자 318명을 만나 사주를 받아 일일이 풀어 보았습니다. 그 결과 간암이나 담낭, 담도암 환자 63명 중 목(木)의 기운이 너무 많거나 적은 사람들이 63.5%나 되었고, 위암 환자 67명 중 82.1%가 토(土)의 기운이 과다하거나 적었으며, 다른 부위 환자들도 비슷한 행태를 보였습니다. 그분이 단순히 5행의 과다, 과소 여부만 따져서 그렇지, 다른 여러 가지 것들까지 고려했다면, 그 대부분이 암에 걸릴 확률이 높은 사주를 가지고 있다는 것을 알 수 있었을 것입니다.

사주에서 합(合), 충(沖), 형(刑), 파(破), 해(害), 합사(合死), 입묘(入卯), 합절(合絶), 그 외 여러 가지 살(煞) 등을 잘 살펴보면, 그 사람의 건강과 심지어 죽는 날짜까지도 매우 높은 확률로 알 수 있습니다. 사주를 해석하는 것은 어려운 작업이지만, 최소한 자기 사주가 어떻게 생겼으며, 어느 오행이 많고 부족한지 정도는 알고 있어야 합니다. 사주에 흙(土)이 많은 사람은 위가 나빠지고, 살이 찔 가능성이 높고, 물(水)이 많은 사람은 신장 방광에 이상이 올 가능성이 높으며, 불(火)이 많은 사람은 심장, 소장이, 목(木)이 많은 사람은 간과 담이 나빠질 가능성이 높다는 것 정도만 이해해도 되겠습니다.

그러고 나서 할 일은 대비를 하는 것입니다. 만약에, 내 사주에 금(金)이 과다하게 많아 폐 질환이 우려된다면, 일단 담배부터 끊고, 주기적으로 건강검진을 받으며, 특히 폐 CT는 꼭꼭 찍어서 이상이 없는지 잘 살펴보고, 만약의 경우에 대비해 폐 질환을 보장하는 보험을 준비하는 것이죠. 요즘은 병과 함께 오래 사는 '유병장수(有病長壽) 시대'인데, '무병단명(無病短命), 일병장수(一病長壽)'라는 말이 있습니다. 건강한 사람은 건강을 과신하다가 무절제한 생활로 단명하는 경우가 많지만, 잔병치레가 많은 약골들은 늘 건강에 조심하기 때문에 오래 산다는 말입니다. 병이 없기를 바랄 것이 아니라, 항상 약골의 자세로, 사주를 살피고, 적절한 검진과 치료를 통해 건강을 관리하는 것이 유병장수 시대를 살아가는 비법이 아닐까 싶습니다.

운(運)의 흐름

　변화(變化)가 일상이 된 세상입니다. 2020년 「포춘」지에서 발표한 세계 500대 기업(2020 Fortune Global 500)에서 세계 1위 기업에는 미국의 월마트가 선정됐고, 삼성전자는 19위를 차지했습니다. 메모리 반도체 산업의 경기 침체로 2019년 15위에서 4계단 내려왔지만 대단하고 자랑스러운 일입니다. 국가별로 보면, 500대 기업에 포함된 우리나라 기업은 14개로 세계에서 7번째입니다. 중국 기업이 124개로 1위인데, 121개의 미국보다 많았습니다. 2010년 46개에 불과했던 중국이 사상 처음으로 미국을 앞지른 것입니다.

　국내 500대 기업과 경영성적 알리미를 표방하는 'CEO 스코어'에 따르면, 우리나라 30대 그룹의 자산규모 순위가 10년 전에 비해 크게 바뀌었습니다. 지난 10년 동안 삼성, 현대차, SK, LG, 롯데, 포스코 등 상위 6개 그룹은 자리를 유지했고, 한화와 농협은 순위가 올랐으며, GS와 현대중공업은 순위가 떨어졌습니다. 미래에셋, 현대백화점, 카카오 등 9개 기업들이 새롭게 30대 그룹에 진입한 반면, STX, DB, KCC, 한진중공업, 한국GM, 동국제강, 현대건설 등은 인수합병이나 경영실적 악화로 순위 밖으로 밀려났습니다.

GE를 세계 최고의 기업으로 이끌었던 '경영의 달인' 잭 웰치 회장은 "만약 기업 내 변화의 속도가 외부의 변화 속도를 따라가지 못하면, 그 기업은 망할 거라고 확신한다"라고 말했습니다. 한강에 배를 띄우고 가만히 있으면, 내려오는 물살에 의해 자꾸만 뒤로 밀려날 것입니다. 최소한 그 자리를 내려오는 속도만큼 노를 저어야 그 자리가 유지될 것이고, 물살을 가르고 앞으로 나아가자 하면 물이 내려오는 속도보다 더 빠르게 노를 저어야 할 것입니다. 조직이든 사람이든 변화에 적응하지 못하면 자리 보존도 어렵지만, 잘못되면 생명이 위험할 수 있습니다. 이는 조직이든 개인이든 마찬가지입니다.

우리가 잠자는 시간에도 세상은 늘 변하고 있습니다. "온갖 사물은 시시각각으로 변한다. 그리고 잠시 머물지 않는다. 그것은 마치 꽃잎에 맺힌 이슬과 같고, 쉬지 않고 흐르는 물과 같으며, 모래로 쌓아 올린 성과 같다"라는 불경의 말씀은 한 치도 틀림이 없습니다. '사랑하는 사람은 만나지 못해 괴롭고, 미워하는 사람은 만나서 괴롭다'고 합니다. 하지만 로미오와 줄리엣처럼, 이수일과 심순애처럼 뜨겁게 사랑하는 사람을 만났다 하더라도, 언젠가 한 번은 반드시, 죽음이 두 사람 사이를 갈라놓습니다. 세상은 늘 변하고 이 세상에 영원한 것이 하나도 없는 것이죠.

변화는 이 세상에 존재하는 어떤 물체의 형상이나 성질 등이 달라지는 것을 말합니다. 그 속성이 강해지거나 약해지거나 새롭게 되는 것도 변화입니다. 태어날 때 받은 사주(四柱)는 변하지 않지만, 시간에 따라 운(運)이 달라집니다. 운(運)이라는 글자는 쉬엄쉬엄 갈 착(辶) 자와 군사 군(軍) 자가 결합된 것입니다. 전장 상황에 따라 자주 이동을 해야 하고, 전투에 필요한 각종 장비도 옮기는 군대의 모습에서 나온 글자이니, 군대가 짐을 꾸려 자꾸 이동하듯이, 사람의 운(運)도 시간에 따라 변한다는 것을 말하고 있습니다.

사주(四柱)는 자동차이고, 운(運)은 자동차가 가는 길과 같습니다. 사람의 일생은 태어나서 죽을 때까지 유년기, 소년기, 청년기, 장년기, 노년기 등으로 나뉩니다. 인생이 흘러가는 행로(行路), 영어로 말하면 라이프 사이클(Lifecycle)입니다. 이는 초목의 어린싹이 올라와 꽃을 피우고, 열매를 맺고, 씨앗을 남기고, 소멸하는 자연현상을 인간의 삶에 대입한 것입니다. 사주를 볼 때도, 사람의 일생과 운의 흐름을 자연현상에 비추어 판단하는데, 10년 단위로 나눈 운(運)의 흐름은 대운(運), 한 해, 한 해의 운은 세운(歲運)이라고 합니다. 간단히 말해, 부산에서 서울까지 가는 길이 인생이라면, 시(市)에서 시까지 가는 길은 대운, 읍면동(邑面洞)에서 다른 읍면동까지 가는 일은 세운이라고 할까요?

대운(大運)의 시작점은 월주(月柱), 다시 말해 태어난 달입니다. 태어난 월(月)을 기준점으로 삼는다는 것은, 계절을 기준으로 한다는 것과 같습니다. 달에 따라 계절이 변하듯이, 사람의 운(道)도 그처럼 변한다는 것입니다. 예를 들어 태어난 달이 갑자(甲子)월이라면, 첫 대운은 갑자(甲子)의 다음 월(月)인 을축(乙丑)이나, 이전 월(月)인 계해(癸亥)가 됩니다. 년주(年柱)가 양(+)이냐 음(-), 남자(+)냐 여자(-)냐에 따라 순행(順行)이냐 역행(逆行)의 방향이 달라질 뿐, 시작점을 기준으로 60갑자(甲子)의 순(順)으로 돌아가며 10년 단위의 대운(大運)이 결정되며, 그 운의 흐름에 따라 인생이 좋았다 나빴다 하는 것입니다.

대운이나 세운을 보는 것은, 선천적인 사주에 후천적인 운이 오면 어떤 현상이 생길 것인가를 살펴보기 위해서입니다. 사주가 아무리 외제차처럼 좋아도, 운이 시골길처럼 흐른다면, 제대로 역량을 발휘하기 힘듭니다. 사주가 소나타처럼 평범해도 운이 고속도로처럼 흐르면 가진 것 이상의 역량을 발휘할 수도 있습니다. 그래서 '사주가 좋은 것보다 운을 잘 만나는 것이 더 중요'합니다. 업무계획으로 말하면, 대운은 큰 방향, 세운은 구체적인 내용이 됩니다. 대운은 일을 하기 위한 공간과 환경, 다시 말해 인프라 같은 것이라면, 세운은 피부로 느끼는 시간과 작업량, 협조 관계 같은 것이라고 해도 좋겠습니다.

대운도 좋고, 세운도 좋으면 심리적으로 안정되고, 일도 잘되고, 얻는 것도 많습니다. 반대로 대운도 나쁘고, 세운도 나쁘면, 계획했던 일이 잘 안 되고, 마음도 불편하고, 결과도 시원치 않게 됩니다. 대운은 좋은데 세운이 나쁘면, 일할 수 있는 환경은 좋은데 실속이 없는 것입니다. 일을 잘해 주고도 돈을 받지 못하거나, 직원들이 애를 먹이는 것이죠. 하지만, 일단 대운이 좋으니 문제가 치명적이지는 않습니다. 대운이 나쁜데, 세운이 좋으면, 전체적으로 사업환경이나 전망은 나쁘지만, 그 한 해는 이익을 보는 것과 같습니다.

일반적으로, 운(運)은 계절의 연장이기 때문에 지지(地支)를 기준으로 보아야 한다고 하지만, 천간(天干)과 지지(地支)를 나누어 보기도 합니다. 하나의 대운은 10년이니까 앞에 5년, 뒤에 5년으로 나누어 보는 것이죠. 예를 들어 41세부터 갑자(甲子) 대운에 들어섰다면, 앞의 5년, 다시 말해 41세부터 45세까지는 갑(甲)의 기운이 작용하고, 뒤의 5년, 46세부터 50세까지는 자(子) 기운이 작용한다고 보는 것입니다. 세운도 마찬가지로 그해가 갑자(乙丑)년이라면 상반기는 갑(乙)의 기운, 하반기는 자(丑)의 기운이 작용하는 것으로 보는 것이죠. 그럼 운(運)의 좋고 나쁨은 어떻게 해석해야 할까요?

운(運)을 해석할 때도 오행의 상생(相生), 상극(相剋) 관계에 따른 10성(星)이 기준이 됩니다. 만약에 목(木) 일간인 남자에게 토(土)운이 왔다면, 재(財)가 들어온 것이니, 일단 '돈이나 재물과 관련된 일이 생기겠구나'라고 생각하는 것이죠. 그리고 재(財)는 부친(偏財)이나 처(正財)이기 때문에, 부친이나 처에게 무슨 일이 생길지, 또, 재(財)는 생명이고 밥줄이기도 하니 건강과 관련해서도 추측해 볼 수 있습니다. 그다음은 그런 일이 좋은 쪽으로 작용할지, 나쁘게 작용할지 생각해 보아야 하는데, 이때는 사주 전체의 구조, 신강(身强), 신약(身弱) 여부, 용신(用神)이나 합충(合沖) 관계, 12운성(運星), 신살(神煞) 등을 종합적으로 고려해야 합니다. 그럼 실제 사주 몇 가지를 간단하게 살펴볼까요?

남자	
庚 甲 甲 戊 午 辰 寅 戌	58 48 38 28 18 8 庚 己 戊 丁 丙 乙 申 未 午 巳 辰 卯

　이 사주는 갑(甲)일간이 인(寅)월에 태어나 뿌리가 튼튼합니다. 그런데 월간(月干)에 비견(比肩)이 재성(財星)인 년간(年干)의 무(戊) 토를 두고 나와 경쟁하고 있습니다. 경쟁자인 월간(月干)의 갑(甲) 목을 제압해야 하는데, 시간(時干)에 경(庚)금이 있어 다행입니다. 원래 생(生)목은 금(金)을 싫어하지만, 이 사주에서는 경(庚)금의 도움이 필요합니다. 경(庚)금은 편관(偏官)으로 경쟁자를 제압할 수 있는 칼이자 권력이 되는데, 58세부터 들어온 경신(庚申) 대운에 경쟁자들을 물리치고, 내무부장관, 국회부의장, 당 의장 서리를 역임했습니다. 신강(身强)한 사주라, 관(官)이나 재(財), 식상(食傷)이 희용신(喜用神)인데, 대운의 흐름이 좋아 높은 자리까지 올라갈 수 있었던 것으로 보입니다.

남자	
庚 甲 庚 甲 午 午 午 辰	53 43 33 23 13 3 丙 乙 甲 癸 壬 辛 子 亥 戌 酉 申 未

　이 사주는 갑(甲)일간이 뜨거운 오(午)월에 태어났는데, 지지(地支)에 상관(傷官)인 오(午)화가 3개나 있습니다. 갑(甲)목이 불에 타 죽을 것 같은데, 년지(年支)에 뿌리를 내리고 물을 흡수할 수 있고, 왕(旺)한 불기운을 완화시킬 수 있는 진(辰)토가 있어 다행입니다. 원래 군인이나 경찰이 되

고 싶었지만, 상관(傷官)이 왕(旺)해서 진(辰)토가 약(藥)이 되니, 수산업을 통해 돈을 많이 벌었습니다. 재성(財星)인 진(辰)토가 없어지면 불이 난동을 부리기 때문에, 천하에 둘째가라면 서러워할 구두쇠였습니다. 왕(旺)한 불기운을 설기(洩氣)하는 토(土)운과 금수(金水)운이 좋은데, 대운도 금수운으로 흘러 사업도 잘되었지만, 자(子) 대운에 들어 자오충(子午沖)이 발생하니 심장병으로 급사(急死)하고 말았습니다.

여자	
壬 辛 辛 丙 辰 未 卯 申	60 50 40 30 20 10 甲 乙 丙 丁 戊 己 申 酉 戌 亥 子 丑

운(運)의 흐름은 일간뿐만 아니라, 사주 속에 들어 있는 육친(六親)의 입장에서도 살펴볼 수 있습니다. 이 사주에서 병(丙)화가 남편성이지만, 멀고 월간 신(辛)금과 먼저 합(合)을 하니 언니의 남편으로 보는 것이 낫고, 내 남편은 남편궁인 일지(日支) 속에 들어있고, 자식인 임(壬)과 합하는 미(未)중 정(丁)화입니다. 원래 남편성인 병(丙)을 남편으로 봐도, 거듭되는 병신합(丙辛合)으로 약해졌고, 시간의 임(壬)수가 노리고 있어 부부궁이 좋다고 할 수 없습니다.

30세 정(丁)대운에 일지인 미(未)토에서 정(丁)화가 올라오자 시간의 임(壬)수가 정임합(丁壬合)으로 합거(合去)시켜 버렸습니다. 물이 불을 꺼버린 것이죠. 대운에서 들어온 정(丁)화는 해(亥)수 위에 앉아 약한데, 시간(時干)의 임(壬)수는 해(亥)수에서 더 힘을 얻으니, 쉽게 정(丁)화를 합거(合去)시켜 버린 것입니다. 물이 불을 극(剋)할 때는 추락사가 많은데, 비가 오는 날 남편이 아파트 문이 안 열리자, 옆집 베란다를 통해 집으로 들어오려고 하다가 미끄러져 추락사하고 말았습니다. 사주도 그렇지만, 운의 흐름이 참 무섭습니다.

세운(歲運)도 대운과 같은 방식으로 풀이하면 되는데, 운(運)을 통해 알 수 있는 것은, '달도 차면 기울고, 시궁창에 볕들 날이 있다'는 것입니다. '인생은 새옹지마(塞翁之馬)'라고 하는 것처럼, 성공을 거듭하던 사업이 한순간에 나락으로 떨어지고, 죽도록 힘든 시련과 고통도 어느 순간 말끔히 사라지는 것이 인생입니다. 아무리 행복해 보이는 사람도 어디쯤 한 군데는 아픈 구석이 있고, 아무리 불행해 보이는 사람도 어느 한때는 행복했던 기억이 있는 법입니다. 그러니 매사에 일희일비(一喜一悲)해서는 안 되겠습니다.

적벽대전을 앞두고 제갈공명은 동남풍이 불지 어떻게 알았을까요? 운(運)을 읽을 줄 알았기 때문입니다. 운(運)은 어느 시점에 어떤 일이 생기고, 또 어느 시점에는, 어떤 일이 생길 것이라는 암시입니다. 미래를 정확하게 예측하는 일은 불가능하지만, 운(運)의 흐름을 알면, 어느 정도 대처하며 살 수 있습니다. 예를 들면 '올해는 겁재(劫財)운이 들어왔으니 투기나 동업을 해서는 안 되겠구나', '지금 직장을 때려치우고 싶은 것이 상관(傷官)운이 와서 그런 것이니, 새끼들 생각해서 참아야지', '2년 후에는 정관(正官)운이 들어오니 더욱 열심히 일해서 꼭 승진해야지'와 같이 말이죠. 운은 변화(變化)고, 변화는 기회(機會)입니다. 자신의 운(運)을 살피고, 기회로 삼는 노력을 게을리하지 말아야 하겠습니다.

마무리

사주가 말한다: 사랑하며 살자

첨단 기술들이 잇달아 개발되면서, 이제 인간은 그 지평을 우주로 넓혀 가고 있습니다. 전기자동차 회사인 테슬라뿐 아니라 우주항공 회사인 스페이스X를 세운 일론 머스크는 장차 화성에 지구의 식민지를 만들 계획을 가지고 있습니다. 한편으로, 인간은 우주를 넘보고 있지만, 여전히 바닷속 깊은 곳에 대해서는 잘 알지 못합니다. 남들과 세상에 대한 지식은 끊임없이 추구하면서, 정작 자신에 대한 탐구는 부족한 것과 마찬가지죠.

목소리를 녹음하여 들어 보면, 말할 때 내 귀에 들리는 목소리와 다르다는 것을 알게 됩니다. 녹음된 소리는 남들에게 들리는 소리이고, 남들은 그 소리를 내 목소리로 인식합니다. 내가 아는 '나'와 남들이 아는 '나'가 다른 것입니다. 그럼에도 불구하고 사람들은 자신에게 들리는 소리가 진짜 자신의 목소리라고 착각하며 살아갑니다. 남들에게 들리는 소리와 자신에게 들리는 소리가 차이가 있다는 것을 인식하지 못하는 것입니다.

'너 자신을 알라'는 말의 의미는 '내가 알지 못한다는 사실을 알라'는 것입니다. 모르는 것이 많음에도 너무 불구하고, 모른다는 사실을 알지 못한 채, 내가 아는 것이 전부인 양 하지 말라는 것이죠. 그런 의미에서 명리학은 '나도 잘 모르는 나'를 돌아보게 하는 학문입니다. 나는 어떤 사람인지, 내 그릇의 크기는 얼마나 되는지, 무슨 일을 하며, 어떻게 살아야 하는지 알 수 있게 해 줍니다. 일종의 '자기학(自己學)'이라고 할까요?

한 사람의 사주를 이리저리 돌려보면, 그 사람의 부모, 형제, 배우자, 자식뿐 아니라, 할아버지, 할머니, 장인, 장모, 배우자의 형제들, 그 자식들까지 수직적, 수평적 관계가 다 보입니다. 사주 자체가 일종의 '가계도'인 셈입니다. 그리고 그런 사람들이 어떤 사람이고 어떤 삶을 살았으며, 어떤 인생을 살게 될 것인지도 보입니다. 그런 측면에서 명리학은 '인간학(人間學)'입니다. 그리고 '과거학(過去學)'인 동시에 '미래학(未來學)'입니다.

사주를 보면, 마음 한구석이 짠해지는 불쌍한 인생들이 보입니다. 부모, 형제, 배우자, 자식을 떠나, 한 인간으로서 가진 한계를 알게 되고, '그래서 그럴 수밖에 없겠구나'라고 수긍하게 됩니다. 어린 시절 나를 학대하던 아버지나, 욕을 하면서도 아버지와 헤어지지 못하고 살아온 어머니나 잘나고 못난 형제들 모두 한계를 지닌 한 인간으로 이해할 수 있게 됩니다. 사주를 보면 문득 '측은지심(惻隱之心)'이 생깁니다.

모든 것이 그렇지만, 사주는 보는 것이 중요한 것이 아니라, 사주를 통해 알게 된 것을 가지고, 어떻게 살아갈 것인지 계획하고 실천하는 것이 중요합니다. 그래 '나는 원래 이런 사람이야' 하며 되는 대로 살 것 같면, 사주를 안 보는 것만 못합니다. 청마 유치환 시인은 "운명은 피할 수 없는 것이 아니라, 진실로 피할 수 있는 것을 피하지 않는 것"이라고 말했습니다. 사주를 보는 사람의 자세는 '현상은 객관적으로, 대처는 긍정적으로'입니다. 사주는 객관적으로 보되, 그럼에도 불구하고, 삶을 개선하는 노력을 게을리해서는 안 된다는 것입니다.

세상에서 나를 제외한 모든 사람들은 타인(他人)입니다. 세상살이는 나 자신을 바탕으로 세상과 다른 사람들과 관계를 설정하는 것입니다. 좋은 관계는 내가 먼저 좋은 사람이 되어 줌으로써 생겨납니다. 명리학은 나 자신을 아는 것을 넘어 다른 사람들에게 다가서는 방법을 알려 줍니다. '많이 나누고 사랑하라'고 합니다. 어떻게요? 톨스토이의 『사람은 무엇으로 사는가』에서 실마리를 얻을 수 있는데, 내용을 요약하면 다음과 같습니다.

러시아 작은 마을에 구둣방을 하며 착실하게 살고 있던 '세몬'은 팍팍한 세상살이에 화가 나 술을 마시고 집으로 돌아가던 중, 교회 옆에서 '미하일'이라는 알몸의 남자를 발견하고, 불쌍한 생각이 들어 집으로 데려갑니다. 돈도 못 버는 주제에 노숙자까지 데려온 남편을 본 세몬의 아내는, 처음에는 화를 냈지만 "당신의 마음속에는 하느님도 없소?"라는 세몬의 말에 화를 풀었고, 미하일은 구두 수선 일을 배워 능숙한 일꾼이 됩니다.

어느 날, 덩치 큰 부자가 시종과 함께 와서, 1년이 지나도 모양이 변하지 않고 실밥이 터지지 않는 장화를 만들어 주면 10루블을 주겠지만 실패하면 감옥에 보내겠다고 협박을 했습니다. 부자가 떠난 후 미하일은 장화가 아니라 장례식 때 시신에게 신기는 슬리퍼를 만듭니다. 부자가 돌아간 후 세몬이 크게 놀라고 있는 사이에 시종이 다급하게 돌아와서 부자가 돌아가던 중 마차에서 갑자기 죽었다며 슬리퍼를 받아갑니다.

6년이 지난 어느 날 한 부인이 쌍둥이 여자아이를 데리고 와서 신발을 만들어달라고 하는데, 한 아이의 한쪽 다리가 불편해 보입니다. 사정을 들어 보니 그 부인은 아이들의 친엄마가 아닙니다. 아이들의 아빠는 나무를 베다가 나무에 깔려 죽고, 엄마는 출산 후유증으로 세상을 떠났는데, 한 아이가 엄마의 시신에 깔려 다리를 절게 되었다고 합니다. 마음씨 착한 동네 사람들의 부탁으로 아이들을 입양해 자신의 아이와 함께 키우던 중, 자신이 낳은 아이는 죽고, 두 아이만 키우고 있다는 것입니다.

그 부인과 애들이 떠난 후 미하일은 자신이 원래는 하느님을 모시던 천사 '미카엘'이라는 사실을 밝힙니다. 6년 전, 한 여인의 영혼을 데려오라는 하느님의 명을 받고 갔다가, "남편도 죽고 갓 태어난 아이들만 남았으니, 애들이 클 때까지만 기다려 달라"라는 말에 차마 그 여인을 데리고 가지 못했다고 합니다. 하느님은 그 여인을 데려오면 '사람의 마음속에는 무엇이 있는지', '사람에게 주어지지 않은 것은 무엇인지', '사람은 무엇으로 사는지', 이 세 가지를 알게 될 것이라며, 다시 여인을 데려오라고 했다고 합니다. 그 여인의 영혼을 데려가던 중 폭풍에 휘말려, 그 여인의 영혼만 하늘로 가고, 자신은 추락해서 교회 옆에 누워 있다가 세몬에게 발견되었다고 합니다.

미카엘은 세몬의 첫인상을 보고 실망해서 '저런 사람이 어떻게 나를 도와줄 수 있을까' 생각했지만, 세몬은 미카엘을 구해 주었고, 세몬의 아내도 화를 냈지만 바뀌는 것을 보고, '사람의 마음속에는 사랑이 있다'는 것을 알게 되었다고 합니다. 또, 부자가 와서 장화를 주문했을 때 죽음의 천사가 그의 옆에 있는 것을 보고, 그 부자는 자기가 오늘 죽는 걸 모르니, '사람에겐 자신에게 무엇이 필요한가를 아는 힘이 주어지지 않았다'는 것을 알게 되었다고 합니다. 그리고 6년 전에 죽을 거라고 걱정했던 아이들이 마음씨 좋은 사람들 덕분에 잘 자란 것을 보고, '사람은 사랑으로 산다'는 것을 알게 되었다고 합니다. 미카엘은 하느님께서 말씀하신 3가지를 다 깨달았다며 '모든 사람은 자신에 대한 걱정이 아닌 사랑으로 살아간다'라는 말을 남기고 하늘로 돌아갑니다.

톨스토이는 "사람은 불완전하지만, 사랑이 있기 때문에 살아간다"고 말합니다. 명리학을 통해 깨달은 대표적인 몇 가지는, 좋은 부부가 좋은 자식을 낳고, 좋은 부부가 재물복도 있으며, 많이 베풀고 산 부부의 자식들이 잘 풀리고, 부부는 이혼은 해도 그 끈이 완전히 끊어지지는 않으며, 사주는 유전이 된다는 것입니다. 그런 면에서, 사랑 중에 제일은 '부부간의 사랑'인 것 같습니다. 가정에서의 사랑이 육친(六親)을 넘어, 이웃에 대한 사랑으로 확대될수록, 세상이 좀 더 살 만한 곳으로 바뀌지 않을까 싶습니다. 사랑이 넘치는 행복한 가정 이루시길 기원합니다.

참고문헌

참고문헌

- 정숙정(2012), 『역의 향기』, 에세이
- 정숙정(2016), 『新역의 향기』, 북랩
- 김동완(2010), 『사주명리학 실전풀이』, 동학사
- 김동완(2005), 『사주명리학 완전정복』, 동학사
- 김승호(2013), 『돈보다 운을 벌어라』, 쌤앤파커스
- 김승호(2015), 『사람이 운명이다』, 쌤앤파커스
- 김영수(2010), 『사마천 인간의 길을 묻다』, 왕의서재
- 김용길(2011), 『통변의 새 경지를 연 한밝 신사주학』, 청연
- 김용오(2015), 『사주학의 방정식』, 삼한
- 김진희(2012), 『주역 읽기 첫걸음』, 보고사
- 낭월 박주현(1997), 『알기쉬운 음양오행』, 동학사
- 낭월 박주현(1999), 『알기쉬운 용신분석』, 동학사
- 낭월 박주현(1998), 『알기쉬운 천간지지』, 동학사
- 낭월 박주현(1999), 『알기쉬운 합충변화』, 동학사
- 낭월 박주현(1999), 『왕초보 사주학』 입문, 연구, 심리편, 동학사
- 대한불교조계종 포교원(2017), 『불교 입문』, 조계종출판사
- 이영호(1997), 『서당에서 배우는 한자이야기』, 푸른솔
- 문정희(2010), 『다산의 처녀』, 민음사
- 박재현(2001), 『참역학은 이렇게 쉬운 것이다』 1, 2, 삼한출판사
- 법사원담, 한명호(2014), 『내 팔자가 내 복이다』, 두원출판미디어

· 법정(2020), 『스스로 행복하라』, 샘터

· 안도현(2017), 『연어』, 문학동네

· 임석민(2010), 『돈의 철학』, 나남

· 장세엽(2014), 『누구나 쉽게 따라 하는 사주풀이』, 원앤원스타일

· 정운(2011), 『경전 숲길』, 조계종출판사

· 정운현(2013), 『정이란 무엇인가』, 책보세

· 탄허(2012), 『탄허록』, 휴

· 톨스토이(2018), 『사람은 무엇으로 사는가』, 더 클래식

· 황국현(2016), 『셀프사주』, 오후의책

· 황지우(1998), 『게 눈 속의 연꽃』, 문학과 지성사

기타

· 이재운, 사주명리 동영상 강의(초급, 중급, 고급, 실전)